アフィリエイト、ドロップシッピング、情報起業etc.

時給106万円！ネットで儲ける3つの戦略

商材のタイプに応じた売り方をしてますか？

【著者】
石崎秀穂・楠山高広・太井彦治・藤本政己・安藤香織

秀和システム

●注意
(1) 本書は著者が独自に調査した結果を出版したものです。
(2) 本書は内容について万全を期して作成いたしましたが、万一、ご不審な点や誤り、記載漏れなどお気付きの点がありましたら、出版元まで書面にてご連絡ください。
(3) 本書の内容に関して運用した結果の影響については、上記(2)項にかかわらず責任を負いかねます。あらかじめご了承ください。
(4) 本書の全部または一部について、出版元から文書による承諾を得ずに複製することは禁じられています。
(5) 本書に記載されているホームページのアドレスなどは、予告なく変更されることがあります。
(6) 本書に記載されている会社名、商品名などは一般に各社の商標または登録商標です。

はじめに

時給106万円の秘密とは？

- パソコンを使って「1億円超」を稼ぎ出す。
- 労働時間は極めて短く、時給に換算すると「106万円」。
- 有名雑誌の取材、テレビ出演依頼、本の出版も経験。

これは「有名人」や「大企業の社長」の話ではありません。以下のような5人の著者の話なのです。

- 「借金地獄」だったのに、会社が倒産。「無職」になって、途方に暮れていた著者。
- 会社を辞めて資格勉強をはじめたものの挫折。転職もままならず「無職」だった著者。
- 子供の幼稚園の学費も出せなかった「サラリーマン」の著者。
- ちょっとしたお小遣いが欲しかった「サラリーマン」「主婦」の著者達。

しかも執筆者の大半は、パソコンに関して「ど素人」同然の知識しかなく、特別な才能もありません。**つまり、パソコン音痴で、何の才能もなく、中には人生瀬戸際だった執筆者達が、パソコンを使った短時間の労働で、このような驚くべきことに至ったのです。しかも、ノーリスク（もしくはローリスク）で。**

でも、どのようなことをして、このような驚くべきことが起きたのでしょうか？

そのカラクリはホームページ、ブログ、メルマガ運営にあります。**ホームページ、ブログ、メルマガを運営していると、副収入を得られるチャンス、雑誌、テレビの取材や、執筆依頼をうけるチャンスがあるのです**（詳しくは本書で説明します）。

しかも、HP、ブログ、メルマガ運営は、素人には難しいというのは過去の話。今では、文字入力ができれば、運営できるようになっています。

なぜ、あなたは負け組なのか？

ただ、以下のような声があるのも事実です。

- 頑張ってホームページ、ブログ、メルマガを運営したけど、稼げなかった！
- ホームページ制作会社に会社のHPを作ってもらったんだけど、まったく商品は売れなかった！
- 商品はいいはずなんだけど、売れない……

つまり、現状では、稼げる「勝ち組」と稼げない「負け組」に分かれてしまっているのです。なぜ、このように「勝ち組」「負け組」に分かれてしまうのでしょうか？

まずは「モチベーション」があります。普通にインターネットの世界に入っても、いわば「終わりがわからないマラソン（ゴールがどこかわからないマラソン）」と同じで、「何をどの程度すればいいのか」わかりませんし、「本当に成功するのかどうか」もわからずに、モチベーションが続かないのです。

モチベーションが続いたとしても、バッターの才能があるのに、ピッチャー向けの本やノウハウを買って、ひたすらピッチャーの練習をしても上達しないのと同じで、「自分の性格・販売する商品」と「戦略」の相性が悪ければ、いくら労力をかけても稼げるようにはならないのです。つまり、モチベーションが続くように「最短距離」で、そして、自分の性格・販売する商品と、戦略をかみあわせることこそが重要なのです。

時給106万円！　ネットで儲ける3つの戦略

本当に稼げるようになるための「3つのタイプ別の戦略」とは？

　そこで、この本では、時給106万円、合計で1億円超を稼ぎ出した執筆者達が、あなたにあった戦略を伝授します。

●サイト運営した事がない初心者

　本書を読まずにサイト運営をはじめても、自分の性格にあった「戦略」を見つけられず、モチベーションが続かなくて、そのまま「諦める」ということが起きる可能性が高いと思います。本書を読めば、「自分にあった戦略」を見つけられて、「最短距離」で進めるようになります。

●挫折した初心者

　挫折した理由は、ズバリ、「モチベーションが続かなかったこと」か「自分の性格にあった戦略」を見つけられなかったからだと思います。本書を読めば、なぜ挫折したのか理由がわかると思います。

●小額しか稼げていない初心者

　小額しか稼げていないのは「努力不足」だからでしょうか？　もし、十分に努力しているのに、小額しか稼げていないなら「自分の性格にあった戦略」を選べていない可能性もあります。本書を読めば、努力不足なのか、そもそも戦略が悪かったのか、わかるようになります。

●中級者以上

　自分の性格と戦略が合致しているからこそ、稼げているのではないでしょうか。しかし、他の戦略にも思わぬ「収入アップのヒント」が隠されているかもしれません。本書を読めば、新しい「気づき」があると思います。

　本書では、一般人の著者達が生み出した「ノウハウ」を「惜しみなく」掲載しています。単にノウハウだけではなく、著者達が運営するサイトも公開していますし、どのような手法で稼ぎ出しているのかも、すべて

暴露しています。本書を読めば、必ず稼げるようになるとは言えませんが、少なくても「遠回り」せずに、「最短距離」を進めるようになると思います。

　さらに、本書では、サイト運営したことがない初心者でも、安心して読み進めることができるように、「特典」を用意しています。特典には「初心者でもブログが作成できるようになるマニュアル」「本書で紹介しているフリーソフトの使い方」「本書で紹介しているものの、初心者には、少し難しそうな操作の手順のマニュアル」などが掲載されています。特典は、本書を購入すれば、無料でダウンロードできます。詳しくは、7ページをご覧になってください。

　本書が、あなたのネットでの成功のヒントになれば幸いです。

2008年4月
著者

注：なお、「1億円超」は、執筆者達の合計の売上額（累計）です。また、本書での「時給」とは、1つのプロジェクトごとに、作業にかかった総時間と、総売上を算出して、そこから計算したものを指しています。その最高額が本書のタイトルにもなっている「時給106万円」なのです（188ページ実例②のプロジェクト）。

　ちなみに、執筆者の収入は、月収は20～400万円くらいまで様々ですが、どの執筆者も、時給にすると数万円から数十万円のプロジェクトが中心になります。だからこそ、本業がありながら、もしくは家族との時間や、趣味の自由な時間を満喫しながら、短い労働時間で、まとまった金額が得られているのです。

　このように、本書では「効率」に着目しているために、「時給」という言葉を使っています。

読者特典のお知らせ

本書をお買い上げの方、全員に、以下の「特典」をプレゼントしています。

①ゼロから始めるサイト運営

「画像」で、わかりやすく「ブログを作成する方法」「本書で紹介しているフリーソフト」「掲示板やフォームメールの設置方法」などの基本事項を解説しているマニュアル（PDFファイル）を差し上げます。特に初心者にお勧めです。

②サイトマップを登録する方法

Googleウェブマスターツールと Yahoo! Site Explorer でサイトマップを登録する方法を掲載したマニュアルです。ホームページやブログの運営者、必見です。

③一瞬でブログができるデータ

ブログにインポートするだけで、ブログができあがるデータを差し上げます。「ブログを運営したいけど、記事を書くのが面倒」という人にお勧めです。ただし、このデータに関しては、リライト（書き直すこと）が必要です。

④その他のお得な特典

下記の特典の詳細があるページには、上記①～③以外の「お得な特典」が出てくることがあります（不定期）。①～③の特典をダウンロードした後も、時々、以下のページをチェックしてみるといいですよ。

特典のダウンロード方法は、以下まで
http://www.netkiwameru.com/106.html

アフィリエイト、ドロップシッピング、情報起業etc.
時給106万円！ネットで儲ける❸つの戦略

CONTENTS

- はじめに ……………………………………………………………… 3
- 本書の特典について ………………………………………………… 7

第1章　スタイルを知ることが成功の秘訣

- **1-1** 成功するには、ネットが最短距離 ……………………… 16
- **1-2** インターネットでは、なぜ収入が得られるの？ …… 27
- **1-3** インターネットは資本力のない
  中小企業でも成功あできる！ ………………………… 33
- **1-4** まずは無料から開始してみよう！ …………………… 34
- **1-5** なぜ、頑張っているのに稼げないのか？ …………… 38
- **1-6** 自分のタイプをチェック ……………………………… 41
- **1-7** なぜ、貴社のWebサイトは稼げないのか？ ………… 46
- **1-8** 商品のタイプをチェック ……………………………… 50

第 2 章　待ち受け型

- **2-1** 成功するための3つのタイプ〜待ち受け型 ………56
- **2-2** 待ち受け型を成功させるためのコツ …………63
- **2-3** 読み切りにするか継続するかを選択しよう ………66
- **2-4** テーマ選びのコツ ……………………………69
- **2-5** 専門店と総合店のメリット・デメリット ……………71
- **2-6** 誰がWebサイトを作るのか決めよう！ ……………73
- **2-7** 一歩進んだWebサイト企画術 ……………………75
- **2-8** ユーザビリティを考えよう ………………………77
- **2-9** 第一印象が重要 …………………………………80
- **2-10** Webサイトの価値を変える要因 …………………82
- **2-11** サイトを大量生産して「量」で勝負する方法………84
- **2-12** 待ち受け型の集客術 ……………………………87
- **2-13** 用語集で集客力を補完しよう！ …………………91
- **2-14** 失敗から成功を導き出す！ ……………………92
- **2-15** 実際のWebサイトで使っている手法を暴露 ………94

第 3 章 追跡型

- **3-1** 成功するための3つのタイプ～追跡型 …………98
- **3-2** 追跡型の戦略 …………………………………102
- **3-3** 導線を知ってWebサイトを作る ………………106
- **3-4** どのような商品を選ぶべきか …………………108
- **3-5** キーワード選びの基本 …………………………110
- **3-6** お客様の心理を読んだ「キーワード」が稼げるキーワード！ …………113
- **3-7** 稼げるキーワードは「目的」や「意図」を推測 …………115
- **3-8** 「時間軸」「属性」からキーワードを考える………117
- **3-9** より高度なキーワードの選び方 ………………119
- **3-10** すぐに稼げるキーワード、成約率が高いキーワード …………………121
- **3-11** 上位表示を目指すには、まずインデックス！ ………123
- **3-12** 被リンクで上位表示を目指す！ ………………126
- **3-13** 上位Webサイトよりも集客する方法 …………128

3-14	成約率向上に向けてのアクションプラン …………130
3-15	成約率を上げるための9個の方法 ……………132
3-16	ターゲット属性に合わせたサイト作り …………137
3-17	連れ売りを誘発するサイト作り ………………139
3-18	そのほか気を付けるべき点 ……………………141
3-19	実際のサイトで検証 ……………………………143

第 4 章 セールス型

4-1	成功するための3つのタイプ〜セールス型………148
4-2	売れるセールスレターの構造 ……………………150
4-3	キャッチコピーがすべてを決める！ ……………152
4-4	興味を引き付けるためのリードコピー …………157
4-5	本文を読んでもらうための導入文 ………………159
4-6	プロフィールや会社の理念も重要！ ……………160
4-7	圧倒的な証拠と自信で信用を勝ち取る …………162
4-8	なぜ、購入者の声が必要なのか？ ………………164

- **4-9** 商品に緊急性を持たせる！ …………………………………166
- **4-10** 成約率を上げる工夫 ………………………………………170
- **4-11** テストマーケティングで売上を倍にする ………………172
- **4-12** お客様を逃がさない仕掛け ………………………………175
- **4-13** アフィリエイトを利用して集客する ……………………178
- **4-14** 安価なコストでネット広告できる「PPC」……………180
- **4-15** リスト収集と活用方法 ……………………………………183
- **4-16** 実際のサイトで検証 ………………………………………187

第 5 章　時給をアップさせる効率術

- **5-1** 3時点での効率アップ
  〜情報収集、計画、作業 ……………………………………198
- **5-2** 情報の選別 …………………………………………………200
- **5-3** 目標設定の立て方 …………………………………………205
- **5-4** 作業進捗チェック …………………………………………207
- **5-5** 外注のススメ ………………………………………………209
- **5-6** ツールで作業効率アップ …………………………………213

| 5-7 | 100％完成しなくてもOK … 215 |
| 5-8 | リスクヘッジで総合的な効率アップ … 217 |

付章 1 基礎知識

A1-1	アフィリエイトとは？ … 222
A1-2	ドロップシッピングとは？ … 225
A1-3	ネットショップ、情報起業とは？ … 227

付章 2 初心者がよくやる間違い

A2-1	作成編 … 230
A2-2	運営編 … 236
A2-3	アフィリエイト編 … 242

● 達人達のアドバイス〜あとがきに代えて … 246

第1章
スタイルを知ることが成功の秘訣

1−1

成功するには、ネットが最短距離

半年後に、月20万円、月50万円、得られる手段

　半年後、今の給料に加えて、さらに月20万円、月50万円、ノーリスク（もしくはローリスク）で収入をアップさせるには、現状では、インターネットしかないと思います。

　でも、本当にインターネットしか方法はないのでしょうか？

　まずは、会社勤めをしながら「アルバイト」をした場合を考えてみます。アルバイトの時給は1000円くらいなので、月20万円を稼ごうと思えば、1ヶ月で200時間も働く必要があります。200時間となると、毎日6～7時間も働かないといけないので、会社勤めしている人には、まず不可能です。

　会社の残業も同じです。確かに、残業代はアルバイトよりも時給は高いですが（通常、基本給を元にして時給が算出されるため）、必ず残業代を貰えるわけではないので、労働基準法ギリギリまで働かないと、月20万円アップには届かないことが多々あります。ましてや、普通の仕事なら、いくら残業しても月50万円アップさせることは不可能ではないでしょうか？

　つまり、アルバイトや残業など「時間給（給与）が決まっている仕事」はノーリスクですが、苦労する割には、たいした、収入アップには繋がらないのです。

投資は簡単に稼げる!?

　では、「投資」はどうでしょうか？

　最近では、株・FX（外国為替証拠金取引）などもネットから投資できるようになりました。ネット投資だと、クリックだけで売買できるので、操作は簡単ですし、本屋に行けば「株で1億円儲けた」などの本や

時給106万円！ ネットで儲ける3つの戦略

雑誌も多く出回っているので、まるで「誰でも」「簡単に」稼げそうなイメージを持ってしまいます。

でも、投資はそれほど甘いものではありません。投資で大金を稼ぐには、まとまった資金を持っているか、「強運」か「天才的な頭脳」が必要なのです。

例えば、手持ちの資金が1億円の人と100万円の人を比べてみましょう。手持ちの資金が1億円もあれば、年利5％でも、年で500万円の利益が得られますが、100万円だと、年でわずか5万円しか得られません。つまり、多額の資金があれば、年利5％というローリスクの投資でも、まとまったお金を得ることができますが、資金が少なければ、ほとんど収入にならないのです。

そこで、資金が少ない場合は、元手が数倍になるようなギャンブル的な投資をする必要があります。しかし、投資について、かなり深い知識がある「証券会社」「投資家」でも、大損したり、最悪、倒産・破産したりする状況の中で、1年で、資金を数倍にするのは、「強運」を持っている人か、「天才的な頭脳」がある人でないと無理ではないでしょうか。

というわけで、投資は、副収入として理想的な手段に見えますが、大金を稼ごうと思えば、「多額の資金を用意してローリスクの確実な投資」か、「自己資金が、0円になるか、大金を得るのかのハイリスクのギャンブル」の選択のどちらかになるわけです。

ネットはノーリスク！

このような状況の中、パソコンさえあれば、誰でも、どのような状況からでも、ノーリスク（もしくはローリスク）で、成功できるチャンスがあるのがインターネットです。

でも、本当に、「誰でも」「どのような状況でも」「ノーリスク（もしくはローリスク）」で成功できるのでしょうか？

執筆者5人の実話を紹介します。

1-1 成功するには、ネットが最短距離

体験談1：楠山高広の場合

借金地獄、会社倒産、パソコン知識0だった私でもインターネットで成功できた！

　ふとしたことから背負ってしまった借金200万円以上。当時の私は、昼ご飯には500円の弁当にすら手が出せず水しか飲めない、会社に通勤するための電車賃すらなく、20代でホームレスになってしまうのではないかというほど悲惨な貧乏生活でした。「このままではダメだ！何とかしなければ！」と一念発起した矢先に勤めていた会社は倒産。どうにもならない状況に追い込まれたのです。

　何かこの状況を打開する方法はないのか、当時使ったこともなかったパソコンで、ぎこちなく人差し指だけで一文字一文字打ちながら検索をし始めたのが、インターネットビジネスをはじめるきっかけでした。

　「インターネットだと、ほったらかしで儲かる、月100万稼げる」など怪しいながらも魅力的な稼ぎ方があり、何も知らなかった私は「これならイケる！」と心躍らせたものです。

　それが「アフィリエイト（222ページ参照）」というものでした。

　「これで稼げなかったらもう終わりだ。絶対に稼ぐ！」という決意で、ホームページ、ブログ、パソコンの使い方、何一つわからないながらも一日に10時間以上の作業を2ヶ月続けたのですが、現実は甘くありません。1ヶ月目の収入は1000円、2ヶ月目の収入は4000円。2ヶ月間、毎日10時間以上もの作業をして5000円しか稼げませんでした。時給10円以下です。

　しかし、転機がきました。自分に向くスタイルを見つけることができたら、大きく稼ぐことができたのです！

　そして、自分には向かないことばかりしていたら、いくら頑張っても成功するはずもないということに気が付いたのです。

　今ではインターネットを使って1年で数千万を売り上げ、2つの会社を経営、インターネットビジネスのセミナー講師を務めたり、こうして

本を書かせていただいたりしています。インターネットがなかったら絶対にありえないことでしょう。

資本がいらず、自宅1人でできるインターネットビジネス。やる気があって、自分に向くスタイルを見つけることができれば（本書で自分に向くスタイルの見つけ方を解説しています）、このチャンスは誰にでも掴むことができます。

体験談2：太井彦治の場合
サラリーマンを辞めなくても、インターネットで稼げる！

毎月3万円。この数字は一体何だと思いますか？　毎朝7時55分発の満員電車に揺られ通勤し、それから会社で12時間以上も働いているサラリーマンの私が、奥さんから貰う毎月のお小遣い、それが3万円なのです。1日当たりに換算すると1000円。これが30代を迎えた頃の私が1ヶ月間で自由に使えるお金だったのです。

それから数年後、子供が生まれ、35年ローンで住居を購入、2人目の子供が生まれ、1人目の子供が私立幼稚園に通うことが決まりました。ある日、私の小遣いが、ひと月2万円に減らされてしまいました。家計を考えると仕方のないことだったのですが、1日当たりに換算すると、わずか約666円しかありません。昼飯を食べたら缶コーヒーも飲めないのです。

そんなある日、いつものように会社に行くと、広報宣伝部の担当者がある製品の販売促進の件で、私に話しかけてきました。その時に、はじめて「アフィリエイト（222ページ参照）」という単語を聞いたのです（このアフィリエイトこそが今の私の財布を暖かくしてくれている「救いのキーワード」になるということは、その時は、まだ夢にも思っていませんでした）。

当時、アフィリエイトが何なのかわからなかった私は、仕事として、アフィリエイトについて、色々調べてみたのですが、アフィリエイトは、

「個人でも、ノーリスク（もしくはローリスク）で稼げる」ということがわかってきました。「減らされたお小遣いを元に戻したいという願望」と「週末起業や株投資などとは違って、軍資金がなくても、すぐにはじめられること」が私の気持ちを後押しして、すぐにアフィリエイトに飛びついたのは言うまでもありません。

　「アフィリエイト」をはじめると決めてからは、「これで減らされたお小遣い分は何とかカバーできる」と思い、会社での残業時間をできるだけ減らし、ブログ作成に時間を費やして、一生懸命やりましたが、1ヶ月後に出てきた答えは……報酬87円だったのです（実際は現金ではなくて楽天ポイント）。

　もし、この「失敗」が、株投資なら、大損をしていて、大変なことになったと思います。しかし、アフィリエイトは「初期投資0円」で、まったく金銭的な損害が出なかったのが幸いして、アフィリエイトをやめずに、コツコツと勉強していくことにしました。

　すると、転機がきました。ようやく、自分に向くスタイルを見つけることができて、今では、毎月、減らされたお小遣い1万円の何十倍もの金額を稼げるようになりました。

　また、アフィリエイトを開始した時は、あまり深く考えずに「芸能情報ネタ」のブログを作って、毎日記事を更新して、広告をペタペタと貼っていって、かなり労力がかかったものの、自分のスタイルを確立した今では、ほとんど労力がかかっていません。本業のサラリーマンの「激務」と言える仕事をこなしながらも、大金を得ることができているのです。

　なお、初期投資0円だと、良質な情報が入りにくかったり、何かと効率が悪いと思っていて、最近では、稼いだお金の一部を「情報」「便利なツール」に投資しています。アフィリエイトは初期投資0円でもはじめることができますし、実際に0円で成功している人もいますが、私はある程度、資金を使った方が効率的だと感じています。

体験談3：藤本政己の場合
わが子を幼稚園に行かせることもできなかった状況からの脱出！

「我が家は、本当に、お金がないんだ……」
2年前、私が痛烈に感じたことです。

もちろん、働いていないわけではありません。両親には大学に行かせてもらい、就職して、一生懸命、働いています。しかし、とにかく給与が安いのです。ボーナスも、マンション、車のローンで、ほとんど飛んでしまって、まさにギリギリの生活。貯金もできません。

ただ、当時、妻のやりくりのお陰で、何とか生活することができていたので、私は「ギリギリ生活」ということに、実感が沸いていませんでした。「家計は妻に任せているので、まあ、何とかなっているのだろう」と、あまり気にもかけず、「今月は飲み会が多い」「パチンコで負けたから」などの理由で、むしろ月々の小遣いよりも多めに浪費していたのです。

しかし、2年前、長男が幼稚園に通う年になり、私も、この「ギリギリの生活」という現状に直面することとなります。毎月の幼稚園代3万円が出せなかったのです。

「私は、自分の子供を幼稚園に行かせることもできないのか……」

まさか、ここまでお金がないとは、思ってもみませんでした。3歳から6歳という、様々なことを吸収する時代に「幼稚園に行かせない」という選択肢は考えられません。背に腹は変えられないので、30歳にもなって両親に100万円借金しました。

「このままではダメだ、何とかしなければ……」と考えているところに、目に飛び込んできたのが「アフィリエイト」という言葉。半信半疑で、見よう見まねで作ったサイトに、少しずつですが、アクセスが集まりはじめ、1日に何百円ですが、収益が出てきました。そのとき、「ホームページって本当に稼げるんだ……」と実感できました。

とはいっても、サラリーマンが本業です。本業に全力投資して、空い

たわずかな時間で、トライ＆エラーを繰り返しながらサイト運営するように。色々な寄り道や、遠回りもしてきましたが、自分のスタイルを見つけることができて、本業の給料よりも稼げるようになりました。

アフィリエイトは、ノーリスクで手軽にはじめられますし、ビジネスの練習にはもってこいだと私は考えています。複数の収入源で本業の3倍位稼げるようになれば自分のビジネスだけでやっていこうと考えています。

こういった構想を練りながら、明日もまたサラリーマンに戻ります（笑）。

体験談4：安藤香織の場合
主婦でもできた！

会社員のような給与は貰えないけど、ちょっとした贅沢を味わいたい、たまには、外食したり、外国産の牛肉でなくて国産の牛肉を買えたら、ちょっと嬉しい。大きな贅沢ではなく、日常のプチ贅沢をしたいと思って、パートに出る人も多いのではないでしょうか？

私もそんな1人でした。油まみれになり、夏、クーラーの効かないところでは汗まみれになるような職場だったのですが、私自身の働きが良かったためか（笑）、時給1000円も貰えましたし、店長も私のことを信頼してくれて、色々、自由に仕事をさせてもらい、とても充実していました。

しかし、1つだけ不満がありました。アルバイトは、所詮、アルバイト。それなりの給与を貰おうと思えば、それなりに働かなければなりませんし（一生懸命、働いても、社員のように給与は上がりませんし）、社員とは違って、都合のいい時に働けるとはいえ、100％自分の都合のいい時間で働くことができません。

いずれ子供ができて、働きに行くことができなくなっても、自分が好きな時に、好きなだけ働けて、プチ贅沢できるくらい稼ぐことができた

ら、とてもすばらしいと考えて、以前から軽くしていた「アフィリエイト（222ページ参照）」に、本格的に取り組むことに。アフィリエイトだと、自分の好きな時間にできるので、この願いを叶えることができると思っていたのですが……本格的に取り組んでみても、まったく稼げませんでした。

　気が付けば、自宅には、アフィリエイトの本がたくさんあって、「本を読んで、稼げる気になっていただけだったの？」と思う時もありましたが、ふとしたキッカケで、自分にあった方法（スタイル）を見つけることができました。すると、すぐに、パートの1ヶ月分の給料以上を稼ぐことができたのです！

　やはり、自分にあう方法を見つけることが成功のコツだと思います。

体験談5：石崎秀穂の場合

サラリーマン・資格取得で挫折。無職、パソコン知識0だった「どん底」からインターネットで脱出！

　「サラリーマンだと、いくら努力しても報われないことが多々ある。逆に、努力をしなくても要領が良かったり、コネがあれば成功する」

　この現実を受け止めて、嫌な上司に媚びへつらったり、上司と、やりたくもない麻雀、ゴルフなどを一緒にやるなどのサラリーマン的な付き合いをしたりすればいいのかもしれませんが、そういうことが苦手な私は、一生懸命、仕事をすることで、この現実を打ち破ろうと、あがきました。

　しかし、いくら頑張っても、笑うしかないくらい現実は変わらず……。

　しかも、サラリーマンをしている限り、私が一番大切だと思う「家族との時間」を犠牲にして働かないといけません。男性でも、育児休暇のために1～2年休めて、子供が熱を出せば、気兼ねなく休めて、しかも十分な給与を貰えるというような「最低ライン」を確保できる会社ですら、ほとんどないのではないでしょうか？

いくら頑張って仕事をしても評価されないことも多々あって、しかも、大切な家族との時間もなくなるサラリーマンって……このように疑問に思うようになった時、私は会社を辞めていました。

　そこで、「独立」をしようと資格学校に通いはじめたものの、急に制度が変更になって、資格を取得しても就職できない状況になって断念。安定した職があったのに、いきなり「無職」で、しかも、転職もままならない「どん底」に……。

　そのようなどん底から、およそ１年半後。2006年３月に待望の長男が生まれました。

　普通は、１～２ヶ月は里帰りさせるものだそうですが、生後１～２ヶ月の息子と過ごす時間は、どれだけ大金を積んでも、取り戻すことはできません。そこで、ほとんど仕事をせずに、妻と息子の世話をしていたのですが、このときは月100万円くらいの収入がありました。

　また、最近では、ふと家族旅行に行きたくなれば、ネットで予約して（もしくは、直接、宿に電話して）、翌日に、温泉旅行に行ったり、平日・休日とわずに、息子と公園に散歩に出かけたり、自由な時間を過ごしていますが、やはり一般企業の役員くらいの収入があります。

　なぜ、仕事をしていなくても、自由な時間を過ごしていても、収入があるのかというと、インターネットのお陰です。ホームページやブログを作成して、アフィリエイト等をしているので、このようなことができているのです。もっと言うなら、ホームページやブログが、私の代わりに働いてくれるので、事前に準備さえしておけば、後は「ほったらかし」でも収入を得ることができているのです。

　しかも、昔「インターネット＝Yahoo! JAPAN」と思っていて、文字入力しかできなかった私でもできるようになりましたし、２回ほど広告費をかけたこともありましたが（しかし失敗しました）、大きなお金を使ったのはそれだけで、基本的に、収入を得るために、お金は使っていません（ただし、ネット接続料、電気代、レンタルサーバー代など、

必要最小限のお金はかかっています)。

それだけではありません。人間関係もないので、会社にいた時のような「ストレス」がまったくありません。

また、出版や、取材とは無縁の世界に生きていたのですが、インターネットをキッカケに、この本を合わせると著書が8冊になりましたし、他にも本を出版することが決まっています（2007年12月時点の話）。また、セミナーDVDが、TSUTAYAに並べられたり、有名な雑誌の取材を受けたりもしました。

つまり、インターネットでは、文字入力さえできれば、誰でも（正確にはノウハウを知って実行した人）、自由な時間を過ごしながら、副収入や出版など色々な可能性にチャレンジできるわけです。

インターネットの可能性

このように、インターネットだと、「借金、無職、パソコン知識0、本業があったり、家族との時間を大切にしたりして時間が取れない」ような状況からでも、アルバイトや残業では不可能で、投資でも達成しにくい「まとまったお金」を、しかも、ノーリスク（もしくはローリスク）で得ることができるのです。

つまり、インターネットを使えば、自己資金0円でも、半年後に、今の給料に加えて、さらに月20万円、月50万円、収入をアップさせることも不可能ではなく、雑誌・テレビの取材を受けたり、本を出版したりする「チャンス」まであります。

しかも、一昔前とは違って、色々便利なサービスが登場してきていて、特殊な技術がなくても、誰でも簡単にチャレンジできるようになっています。

というわけで、現状では、インターネットこそが、誰でも、ノーリスクで収入をアップさせる唯一の手段だと思うわけです。

実際の入金状況の例

日時	番号		金額	摘要		残高
2006年06月26日 05:28:51	00001	168		振込手数料		158,859
2006年06月26日 07:08:47	00002		10,592,288	振込		10,751,147
2006年06月29日 05:10:29	00001	77,000		振込		10,674,147
2006年09月22日 08:44:38	00002		49,800	振込		842,232
2006年09月22日 10:22:39	00003		19,800	振込		862,032
2006年09月26日 01:49:15	00001		3,000,000	振込		3,862,032
2006年09月26日 01:51:34	00002		97,595	振込		3,959,627
2006年09月26日 08:35:02	00003		20,000	振込		3,979,627
2006年09月28日 08:34:26	00001		10,000	振込		3,989,627
2006年09月28日 08:39:59	00002		49,800	振込		4,039,427

ネットバンクの振込み明細です。このような「大金」が、「短時間の労働」で得られています。このようになったもの、自分のスタイルを築くことができたためです。なお、大きな金額は、主に、ASP（222ページ参照）からの入金が中心です。

1-2
インターネットでは、なぜ収入が得られるの？

インターネットで収入が得られる仕組み

　では、具体的に、インターネットで何をすればいいのでしょうか？

　まずは、ホームページ、ブログ、メルマガを運営して、「情報発信」することです。ホームページ、ブログ、メルマガを運営すれば、収入（売上アップ）、取材、出版などに繋がります。

　でも、なぜ、ホームページ、ブログ、メルマガの運営が、収入（売上アップ）・出版などに繋がるのでしょうか？

個人でも、収入が得られる仕組み～広告掲載

　企業は多くの人に自社製品を知ってもらうために広告をします。つまり、多くの人が見ている場所は、自社商品をPRするための絶好の広告スペースになるのです。例えば、球場の壁、F1レーサーの服などに、「企業のロゴマーク」がたくさん、貼られているのも、自社商品や企業のPRに最適なためです。

　ホームページ、ブログ、メルマガは多くの人が見る可能性があります。そこで、企業は自社の商品のPRのために、ホームページ、ブログ、メルマガの運営者に広告掲載を依頼するのです。その広告掲載の対価として、報酬が得られるというわけです。

　ただ、インターネット上の広告では、広告を見た人が、単に広告をクリックしただけなのか、もしくは実際に申し込んだのかなど、「読者が、どのようなアクションを起こしたのか」までわかるので、普通の広告とは違って、少し特殊なものになっています。例えば、「読者が広告をクリックしたら、1クリック当たり、××円」「読者が広告をクリックして、そこから実際に商品を購入すれば、××円」というように、「ホームページ、ブログ、メルマガの読者が、広告を見て、どのようなアクシ

ョンを取ったのか」で、報酬が変わるのです。

このような仕組みを「アフィリエイト(222ページ参照)」と呼びます。

アフィリエイトは、個人でも、色々なジャンルの色々な企業の広告を掲載できますし、副業と言えないくらいの報酬を得ることもできます。

これがアフィリエイトの実例だ！

「マウスコンピューターファン(http://mouse-pc.com/)」では、パソコン本体や周辺機器を販売しています。このサイトの訪問者がパソコン本体や周辺機器の画像やリンクをクリックして、そこから商品を購入すると、サイト運営者は報酬を得ることができます。

個人でも、収入が得られる仕組み～商品販売

　ホームページなどに、人が集まるということは、そこで、モノが売れる可能性もあります。

　つまり、アクセサリーなどを仕入れて、ホームページなどで販売する「ネットショップ（227ページ参照）」をはじめることができるのです。

　それだけではありません。インターネットでは、実際に商品を仕入れることなく、商品を販売することができる「ドロップシッピング（225ページ参照）」という仕組みもあります。

　ドロップシッピングとは、簡単に言うと、ネットショップの「販売だけ」を担当する仕組みのことを言います。つまり、価格を決めて、販売して、注文を受ければ、後の処理（商品の発送や在庫管理など）は、他の企業にしてもらうことができます。いわば、「在庫を持たなくていいネットショップ」と言えるので、ネットショップに比べると、リスクは極めて低くなっています。

個人でも、収入が得られる仕組み～情報販売

　「集客のノウハウ」「ダイエットのコツ」などのノウハウや情報を、PDFファイルやCD-ROMにまとめて販売したり、「領収書を作成できるツール」などのパソコン用のソフトなどを販売したりする「情報起業（227ページ参照）」もあります。

　情報起業は、「情報」や「ツール」などの「形のないもの」を販売するために、在庫が発生しませんし、製作コストもかからないことが多いので、普通の事業に比べると、失敗するリスクは極めて低いと言えます。

　なお、自分で作成できない場合は、人に作成を依頼して、それを販売することもできます。

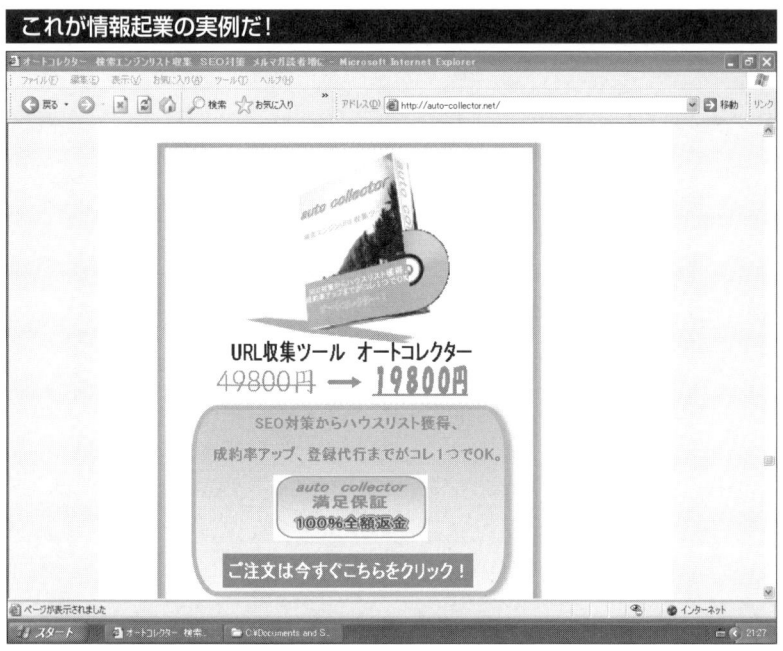

オートコレクター(http://auto-collector.net/)は、SEOに役立つツールです。このツールは、株式会社e-FLAGS(著者・楠山の1人会社)が販売していますが、実は、この会社ではツールの制作をしているわけではなく、外部に、ツールの制作を依頼して、販売だけしているのです。このように自分で作成できない場合は、外注して、販売することができます。

> 時給106万円！ ネットで儲ける3つの戦略

雑誌取材、テレビ出演依頼、出版の仕組み

　では、なぜ、ホームページ、ブログ、メルマガの運営が、取材や出版に繋がるのでしょうか？

　それは、新しい企画や著者を探すために、色々なホームページ、ブログ、メルマガをチェックしている出版社やテレビの制作会社があるためです。つまり、インターネットで情報発信していれば、担当者の目に留まって、取材や執筆依頼を受けるチャンスがあるのです。

出版とは縁遠い世界に生きていたのですが、ホームページなどの運営をキッカケで、この本を含めて、著書が8冊になって、他にも出版が決まっています。特に、苦手な人に英文法を解説している「基本にカエル英語の本〜英文法入門編（スリーエーネットワーク）」は、「Get you!! English!!〜わかりやすい英文法（http://www5e.biglobe.ne.jp/~eibunpou/）」のサイト運営が、書籍化の決定的な要因になりました。

1-2 インターネットでは、なぜ収入が得られるの？

また、出版も商売なので、本が売れないと意味がありません。そこで、同じような出版企画なら、ライターよりも、ファンが多いサイトを運営している人を執筆者に選ぶ出版社もあります。

　というわけで、ファンが多いサイト運営していれば、執筆依頼がくることもありますし、執筆依頼が来なくても、出版をプロデュースしている出版エージェントや、自社のホームページで執筆者を募集している出版社に働きかけると、すんなりと出版が決まることがあります。

　なお、自分が出したい本を書けそうな著者を、本屋の書棚に並べられている本から探す編集者もいます。そういう経路からも執筆依頼がくる可能性もあるので、1冊でも本を出すことができれば、何冊も本を出せる可能性が出てきます。

●COLUMN 進化するインターネット

　ここまで読んで「ホームページやブログなどを作らないといけないし、大変そうだな」と思った人もいるかもしれません。

　確かに、ある程度は労力をかける必要がありますが、最近では、色々便利なサービスが充実してきていて、最小限の労力でスタートできるようになっています。例えば、株式会社HMBと羽根田氏と共同で開発した「クリックするだけで、欲しいだけホームページやブログができあがるサイト量産ツール（http://www.netkiwameru.com/tool.html）」や、株式会社e-FLAGSが販売している「ライターが作成した大量の記事を安価に購入できる記事バンク（http://ブログ記事作成販売.jp/）」などがあります（84ページ参照）。

　これらのツールやサービスを使えば、パソコン知識がなくて、ほとんど手間をかけなくても、ホームページやブログを作ることができるので、あとはそこに広告を入れたり、オリジナリティがあるように改造したりするだけで、ネットビジネスをスタートできるようになっています。

　このように、インターネットは日々便利なサービスが登場しています。

1-3
インターネットは資本力のない中小企業でも成功できる！

中小企業でも、大企業に勝てるのがインターネット！

「インターネットの可能性」は個人だけの話ではありません。中小企業も同じです。つまり、資本力がない中小企業でも、インターネットを使えば、大企業に勝つことも不可能ではないのです。

なぜ、そのように言えるのか、色々理由がありますが、その1つに「立地にかかるコストの違い」があります。

現実社会で、例えば、コーヒーショップをはじめようと思えば、「サラリーマンが多そうなビジネス街」「人通りが多い場所」「競合が少ない場所」に出店した方が成功する確率が増加します。つまり、現実社会では「立地」次第で、お客を集められるかどうかなどが変わって、勝負が決まると言っても過言ではありません。

しかし、いい条件の立地を確保するのに、莫大な資金がかかりますし、店舗を構えた後は、テナント料、税金などランニングコストがかかります。つまり、資本力がない企業・個人では、金銭面が原因で、立地が悪いところしか確保できずに、店舗を維持するのも大変ですし、失敗する確率が高くなるのです。

しかし、インターネットでは「立地」を確保するのに、金銭は必要ではありません。工夫があれば、集客できるのです。

例えば、インターネットの集客の方法の1つに「SEO」があります。SEOの概要は、35ページにて解説していますが、いわば、インターネット版の「立地」です。SEOをすることで、無料で、いい立地を確保できるのです。

だからこそ、資本力がなくても大企業に勝てるのです。

1-4 まずは無料から開始してみよう！

まずは無料ブログから、はじめよう！

　ホームページなどを運営すれば、色々なチャンスがあることがわかっても、「何か難しそう」と感じる人もいるかもしれません。そこで、「無料ブログ」から、はじめてみるといいでしょう。

　無料ブログだと、文字入力さえできれば、誰でも簡単に、運営できます。まずは、ブログに個人的な日記でも書いて慣れるといいでしょう。

　代表的な無料ブログ（商用利用可）には、以下のものがあります。

- seesaa blog（http://blog.seesaa.jp/）
- FC2 BLOG（http://blog.fc2.com/）

　なお、ブログの作成方法など、基本的なことを知りたい場合は、本書の購入者特典（7ページ参照）の「ゼロから始めるサイト運営」をご覧になってください。本書を購入した方へ、無料で配布しています。

基本的な集客をしよう！

　山奥に「おいしいコーヒー」を出す店を開店しても繁盛しません。それと同じで、どれだけいい商品を販売していても、どれだけいい記事を書いても、ホームページ等に、人が集まらないと、収入・取材・出版もありえないのです。

　そこで、自分のホームページ、ブログ、メルマガに人を集める工夫をしましょう。

　具体的には、「相互リンク」と「SEO」の2つをすればいいでしょう。この2つは、インターネットでの基本的、かつ重要な集客法になります。

相互リンクとは？

　ホームページ、ブログを「島」で例えると、できあがったばかりのホームページ、ブログは、どの島とも橋が繋がっていない「孤島」です。他のホームページ、ブログと「橋」を繋げて、人が来ることができるようにしなければなりません。

　そこで、相互リンクをするといいでしょう。

　相互リンクとは、「お互いのホームページ、ブログをリンクしあうこと」です。相互リンクすれば、ホームページ、ブログ同士、リンクという名前の「橋」がかかるので、人が訪れるようになります。

　では、どのようにすれば、相互リンクできるのでしょうか？

　まずは、自分のホームページ、ブログに、相手のサイトへのリンクを掲載して、相手サイトの管理者に「相互リンクしましょう」というメールを送信するだけでOKです。100パーセント、相互リンクできるとは限りませんので、根気よく依頼していくことです。

SEOとは？

　「箱根のホテル」に泊まろうと思えば、「箱根＋ホテル」と検索して、「箱根にあるホテルを紹介しているサイト」を探すと思います。

　これを逆から考えれば、「箱根にあるホテルを紹介しているサイト」を運営しているなら、「箱根＋ホテル」の検索結果の上位に、自分のサイトが表示されていれば、より人が集まるということです。

　このように、自分のホームページ、ブログに、検索エンジンから、お客が訪れるように工夫することをSEOと言います。

SEOの基本

　では、具体的に何をすればいいのでしょうか？

　細かい注意点は色々ありますが、まずは以下の3点に気を付ければいいでしょう。

> ①タイトルなどに使う「キーワード」を考える
> ②記事を書く時、①のキーワードを混ぜるようにする
> ③被リンクを増加させる

①タイトルなどに使う「キーワード」を考える

　例えば「コーヒー豆からコーヒーを作る方法を解説しているサイト」を運営しているなら、タイトルを「Hide's site」「黒いアレの作り方」などのようにはせずに、「コーヒー豆」「作る」などの自分のホームページと関係の深いキーワードを入れて「Hideのコーヒー豆からコーヒーを作る方法」などのようにしましょう。

　というのも、「Hide's site」「黒いアレの作り方」のようなタイトルにすると、「Hide」「黒い」「アレ」などで検索した自分のサイトには興味を示さない人ばかり集まってしまうためです。

　このように、タイトルに使うキーワードは、自分の記事と関係のあるキーワードを使うといいでしょう。

②記事を書く時、①のキーワードを混ぜるようにする

　人間は「それ」「あれ」のような代名詞が何を指すのかわかりますが、検索結果の順位を決めているロボットには、「それが何を指すのか」まで理解できません。そこで、記事中には、できるだけ代名詞を使わずに、①で決めたキーワードを入れるようにしましょう。これで、自分の記事に関係深いキーワードで検索にかかるようになって、ホームページに興味を持つ人が集まるようになります。

　ただし、あまりに同じキーワードを使いすぎると逆効果ですので、適度に使うようにしましょう。

③被リンクを増加させる

例えば「コーヒー＋作り方」で検索した時、自分のホームページが、1万個中、上から200番目に表示されていたとすれば、誰もホームページに訪れてくれません。つまり、お目当てのキーワードで検索されるようになっても、上位に表示されないと、誰もホームページなどに訪れてくれないのです。

そこで、上位に表示される工夫をする必要があります。

どのように工夫すればいいのかは、細かい方法は色々ありますが、「被リンクを増加させる」といいでしょう。被リンクとは、相手のサイトからリンクされることです。つまり、相互リンクをすれば、自然に被リンクが集まります。

というわけで、タイトルや本文中に使うキーワードに気を付けて、相互リンクを増加させるといいわけです。

なお、集客の「基本」であるSEOについて、もっと知りたい場合は、著者の1人である石崎が執筆している『初心者でもできる！繁盛ブログになれるSEO入門』（秀和システム）をご覧になってください。ネット集客の基本が身につきます。

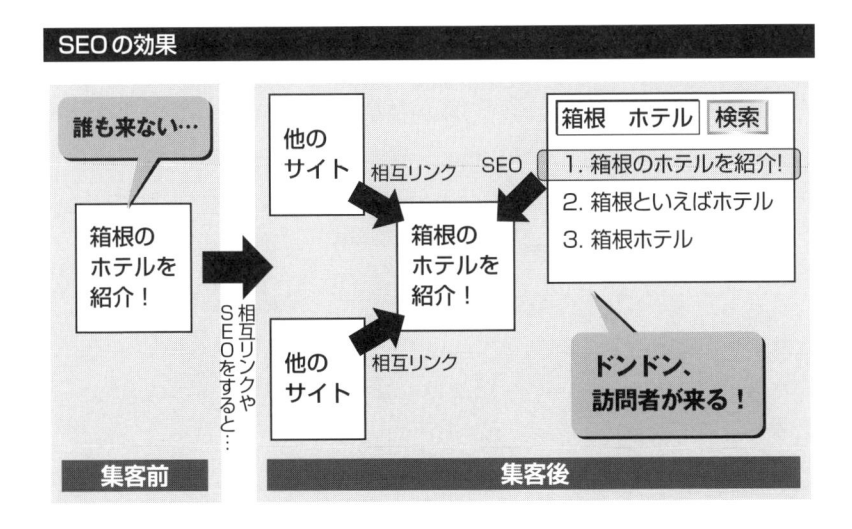

SEOの効果

1-5

なぜ、頑張っているのに稼げないのか？

インターネットで失敗する原因

「以前、ブログを運営したことがあるんだけど、長続きしなかった」「頑張って商品販売しているけどまったくダメだ」という声があるのも事実です。

なぜ、このような声が上がるのでしょうか？

私は「モチベーション」と「方法」の2つに原因があると考えています。

モチベーションが続かない原因

「いつ終わるのかわからないマラソン（ゴールがどこにあるのかわからないマラソン）」ほど、キツイものはありません。「後少しでゴール」と思っていても、実はゴールはまだまだ先ということもありますし、「このままだとゴールできない」と思って諦めたら、実は、ゴールはすぐそこということもあり得るためです。

「何も考えずに、ブログをはじめること」は、このマラソンに似ています。インターネットで成功しようと思えば、それなりに労力をかける必要がありますが、「稼げるかどうかわからない」という状況では、少しでも収入が得られないと、「本当に稼げるの？」「稼げるのは一部の人で、自分には無理じゃないの？」と疑心暗鬼にとらわれて、モチベーションが続かなくなってしまうのです。

というわけで、稼げない人は、モチベーションが続かなくて、1、2ヶ月ですぐに諦めてしまうのです。

では、どうすればモチベーションを高めることができるのでしょうか？

一番効果的なのは「最短距離で成功できるようにすること」です。つまり、続くように、最小限の努力で、効果を上げることこそが、モチベーションをアップさせる秘訣なのです。

　そのために必要なのが、まずは「自分のスタイルを知ること」です。自分のスタイルがわかると、最短距離で進むことができます。もっと言うなら、自分の性格・能力にあったサイトを運営することで、最短距離で成果を出せて、モチベーションが続くというわけです。

方法が間違っている!

　「モチベーションはあるし、頑張っているけど、まったくダメだ。ネットでは楽に稼げない」

　このように思う人もいるようです。

　なぜ、頑張っていてもダメなのでしょうか？

　ピッチャーの才能しかないのに、ひたすら、バッティングの練習をしていても効果はありません。つまり、人には向き、不向きがありますが、自分には不向きな方法で努力しても効果は少ないのです。

　おそらく、自分には向かない方法で、ひたすら頑張っている人は、労力の割には成果が出ないので「ネットでは楽に稼げない」と感じるのでしょう。

　ピッチャーになるために、バッティングのノウハウを実行していても、効果はありません。つまり、あるスタイルを選択したのに、別のスタイルのノウハウをしても、効果はありません。自分の性格・能力から、自分に向いたスタイルを見つけて、そのスタイルにあうノウハウを実行することこそが重要なのです。

スタイルこそ、成否を分ける!

　このように、自分に合ったスタイルを選択して、サイトを作成すれば、「ゴール」が見えるようになって、モチベーションも続きますし、無駄

な努力はなくなるので、努力に応じた成果を得ることができるようになります。

自分にあったスタイルを確立することが重要です。

実際、前述のように、執筆者には、頑張ってもまったくダメだったものの、スタイルを変えたら、大きく成功した人もいます。

では、自分にあったスタイルを見つけるには、どのようにすればいいのでしょうか？　41ページを参照してください。

COLUMN　下手なノウハウは身を滅ぼす

よく「このサイトで稼いだ！事例集」のような本・雑誌が販売されています。このような本・雑誌で紹介されているサイトを、そのまま真似する人がいますが、そういう人のほぼ100％、たいした収入を得ることはできません。そして、そういう人に限って「やっぱり、ネットは楽に稼げない」と思うようです。

では、なぜ、そのまま真似しても稼げないのでしょうか？

その理由は、極めて単純です。いわば「10億円稼いだピッチャーの投球方法」という本・雑誌が販売されていて、それを、そのまま真似して、失敗するのと同じです。

バッターの才能があるのに、「ピッチャーのノウハウ」を真似しても成功するはずもありません。また、例えピッチャーの才能があっても、「ボールの投げ方すら知らない」人が、ノウハウを真似できるはずもありません。つまり、基礎的なノウハウを知らない状態で、表面的なことだけを真似しても、オリジナルの足元にも及ばないということです。

つまり、自分のスタイルとは違う事例で頑張っても無駄ですし、例え同じスタイルであっても、基礎的なノウハウを知らないまま、表面的に真似てもダメなのです。

成功するためには、まず自分のスタイルを知って、そのスタイルで成功するための基礎的なノウハウを知ってから、事例集などで、自分と同じスタイルで成功している人の応用的なノウハウを吸収する必要があるのです。

というわけで、事例集は、自分のスタイルを知って、スタイルを確立した後に読むと参考になるような「ある意味、応用的なもの」と言えます。

1-6 自分のタイプをチェック

個人向けのチェックシート

それでは、自分のタイプをチェックしてみましょう。

チェックの方法ですが、まずは、質問を読んで、当てはまると思うものに、丸印を付けていってください。あとは、丸印を付けたところに「A：5点、B：10点」などのようにある点数があるので、A～C、それぞれを合計してください。すると、「A：20点、B：10点、C：15点」のように、点数が出てきます。その中でもっとも得点が高いものが、自分のタイプの可能性が高いです（この例の場合だと、A）。

ただし、タイプ分けは、あくまで「目安」です。

個人向けチェックシート

毎日、少しずつ地道な作業を続けることができる
　　　□できる（B：10点）
　　　□そうかもしれない（B：5点）
　　　□できない（A：5点、C：5点）

地道な作業をするくらいなら、お金をかけて誰かにやってもらう
　　　□その通り（C：10点）
　　　□そうかもしれない（A：5点）
　　　□できない（B：5点）

人にはない体験談・知識がある
　　　□その通り（A：10点）
　　　□そうかもしれない（C：5点）
　　　□ない（B：10点）

専門的なことでも勉強できる
　　　□その通り（A：10点、B：10点）
　　　□そうかもしれない（A：5点、B：5点）
　　　□できない（C：10点）

人がなぜ、その商品を購入するのか「購入心理」を考えるのが好き
　　　□その通り（B：5点、C：10点）
　　　□そうかもしれない（C：5点）
　　　□違う（A：10点）

よく人から「話が上手だね」と言われる
　　　□その通り（A：5点、C：10点）
　　　□そうかもしれない（C：5点）
　　　□違う（B：10点）

人を説得するのが好き
　　　□その通り（A：10点、C：5点）
　　　□そうかもしれない（A：5点）
　　　□違う（B：10点）

お金を稼ぐことよりも人に感謝されたい
　　　□その通り（A：10点）
　　　□そうかもしれない（A：5点）
　　　□違う（B：5点、C：10点）

本の出版などに興味がある
　　　□興味がある（A：10点）
　　　□そうかもしれない（A：5点）
　　　□興味がない（B：10点、C：10点）

短期間、集中して作業することができる
　　　□できる（A：10点、C：10点）
　　　□そうかもしれない（A：5点、C：5点）
　　　□できない（B：5点）

成功するためにはリスクはいとわない
　　　□その通り（C：10点）
　　　□そうかもしれない（B：5点、C：5点）
　　　□違う（A：10点、B：5点）

会社の資料を作るのが好きだ
　　　□その通り（A：10点、B：5点）
　　　□そうかもしれない（A：5点）
　　　□違う（C：10点）

お金よりも出版などの名誉が重要だ
　　　□その通り（A：10点）
　　　□そうかもしれない（A：5点）
　　　□違う（B：5点、C：10点）

50万円で、倍になるか0になるかの博打ができる
　　　□その通り（C：10点）
　　　□そうかもしれない（C：5点）
　　　□違う（A：10点、B：10点）

高確率で月1万円稼げる方法よりも、確率は低くても月100万円目指したい
　　　□その通り（B：5点、C：10点）
　　　□そうかもしれない（C：5点）
　　　□違う（A：10点）

Aの得点が一番高かった人は待ち受け型がお勧め

　Aの得点が一番高かった人は待ち受け型が向きます（55ページ参照）。

　待ち受け型では、たとえば「10kg痩せたダイエットの体験談」のようなサイトを作成します。インターネット版の「本」「雑誌」を作ると考えればいいでしょう（56ページ参照）。

　自転車はこぎはじめが大変ですが、一度、速度に乗ると、一生懸命、こがなくても前に進みます。待ち受け型は、これに似ています。

　つまり、サイト作成と、運営を軌道に乗せるまでの集客には、かなり労力を費やす必要がありますが、一度、軌道に乗れば、あとは楽できます。他のタイプとは違って、一度、サイトが有名になると、クチコミで集客できるようになるので、運営が軌道に乗った後は、放置していても、収入を生み出してくれる「自動販売機」になりやすいのです。実際、数年間、サイトの内容をほとんど変えていなくても、安定したアクセス数をキープしている執筆者もいます。

　他のタイプと比べると、一番、収入が得にくいですが、失敗しにくいので、頑張れば、月1万円くらいになることが多いですし、書籍化・取材の可能性も一番高いといえます。

　なお、サイト作成を外注したり、クリックだけでサイトができあがるツール、記事が購入できるサービス等を利用したりすれば、ホームページやブログを作成する必要はなくなるので、労力をかけるべきところは、集客だけになって、思うほど手間はかかりません（集客も外注してしまうと、ほとんど、手間はかからなくなります）。

Bの得点が一番高かった人は追跡型がお勧め

　Bの得点が一番高かった人は、追跡型が向きます（97ページ参照）。

　追跡型では、「カタログ」のような「商品の情報」が中心のサイトを作って、検索エンジンから「商品を買いそうな人」を集めます（98ページ参照）。

追跡型は、はじめのうちは、まったくと言っていいほど収入はありませんが、競争に打ち勝つか、穴場を見つけることができれば、莫大な収入を得ることができます。

　ただ、検索エンジンだけに頼った集客方法（SEO）なので、月収数百万円、月収数十万円だったのに、ある日、いきなり、検索エンジンのアルゴリズム（どのサイトを上位表示させるのか検索エンジンの考え方）が変わって、月収数万円に落ちるということもあり得ます。

　また、あまり時間をかけなくても、サイトを作成することはできますが、SEOに時間をかけなければなりません。SEOは、常に移り変わるものなので、基礎的な知識を身に付けた後は、継続して、最新の情報を仕入れる必要があります。なお、最新の情報を得るには、膨大な時間をかけずに片手間でも大丈夫ですが、継続した労力と、継続した勉強が必要です。

　それに、「稼いでいる」ということで、出版・取材の依頼はあるかもしれませんが、作成したサイトのテーマで出版・取材されることは、ほとんどありません。

Cの得点が一番高かった人はセールス型がお勧め

　Cの得点が一番高かった人は、セールス型が向きます（147ページ参照）。

　セールス型では、営業マンが使う「セールストーク」を詰め込んだサイトを作ります。ある１つの商品を販売することに集中するので、ネットショップのように複数の商品を販売するのには向きませんが、「石ころでも販売できる」と例えられるくらい販売力があります（148ページ参照）。

　セールス型は、販売する商材を、外注したり、集客にコストをかけたりすれば、３タイプの中で、もっとも労力がかかりません。

　ただし、販売する商材によっては莫大に稼げる可能性がありますが、

サイトに人を集めるのが難しいので、集客にお金をかけることが必要な場合もあります。つまり、少ないながらもリスクが発生することもあります。また、集客に関して、広告にコストをかけない場合は、ものすごく労力がかかります。

　なお、通常、セールス型では、情報商材を販売します。情報商材の販売は、集客にコストをかければ、短期間で、莫大な金額を稼げる可能性がありますが、情報商材は「売り切る」という感が強いので、1度目の商品販売では、莫大な金額を稼ぐことができても、2度目以降の商品販売は、それほど稼げないという人も多いのが実情です。

1-7 なぜ、貴社のWebサイトは稼げないのか？

売れるもの、売れないもの

　同じようにモノを売っても「売れやすい商品」「売れにくい商品」があります。また、同じ商品で同じ価格なのに、「誰が売るのか」によっても、売れるか、売れないかが変わります。

　なぜ、このような「差」が出てくるのでしょうか？

　その答えは、「なぜ、色々ある商品の中で、その商品を買ったのか」、その理由を考えるとわかります。

なぜ「それ」を買ったのか？

　パソコン、本、食べ物など、普段から色々な商品を購入していると思います。なぜ数多くあるパソコンの中で「そのパソコン」を買ったのか、なぜ数多くある本の中で「その本」を買ったのか、考えてみてください。だいたい以下の理由ではないでしょうか。

- 商品にチカラがあった
- 販売にチカラがあった
- 集客にチカラがあった

　つまり、上記の要素のいずれか（もしくは複数）がある商品は「売れる」ということです。逆から考えて、話をシンプルにすると、モノを売るには、「商品」「販売員」「集客」3つの要素が必要と言えます。

モノが売れる３つの理由

- **商品にチカラがあるパターン**
  - 他の商品にはない特徴があった
  - テレビCMをしている有名企業の商品だった
  - 信頼がある商品だった
  - 友人が勧めている商品だった
- **販売にチカラがあるパターン**
  - 熱心に販売員が勧めてきた
- **集客にチカラがあるパターン**
  - よく行く店の目立つ位置に置いていた

商品にチカラがある場合は「集客」に特化せよ

　もっとも売りやすいのは、「たくさんの人が買いたいと思っている商品」です。というのも、（その商品を）買いたいと思っている人さえ見つけることができれば、簡単に売ることができるためです。

　つまり、このような商品は、「製造元は、カバンのブランドで有名なメーカーで、デザインは……」などのように、わざわざ商品の詳細や、商品の良さなどを説明する労力が払うよりも、「買いたいと思っている人を集めること（集客）」だけに力を注ぐ方が「効率的」なのです。

　また、「買うかもしれない」という人を見つけて、熱心に勧めるよりも、すでに「買いたいと思っている人」がたくさんいるので、その人を探して、売る方が効率的です。

　つまり、チカラがある商品の場合は、「買うと思っている人」を「集客」することだけにチカラを入れるべきなのです。

　そこで、ホームページ、ブログ、メルマガを作成する際、集客に特化した販売スタイルにする必要があります（３つの要素のうち、「集客」に特化させます）。

無名の商品の場合は「販売」に特化せよ

逆に、もっとも売りにくいのは「無名な会社が作っていて、その効果も定かではない商品」です。というのも、例えば、「株式会社HMBが制作したダイエットフーズ」のような無名な会社の商品だと、いくら、その商品に興味を持ちそうな「ダイエットしている人」を集めても、「株式会社HMBって、聞いたことないから、きっとダイエットの効果もない」などのように思われて、誰も買ってくれないためです。

そこで、このような商品を販売する時は、カリスマ販売員を用意することが重要と言えます。カリスマ販売員なら、どのような商品でも売ってくれます。

つまり、ホームページ、ブログ、メルマガを作成する際、販売力に特化させたスタイルにする必要があるのです（3つの要素のうち「販売員」に特化させます）。

ある程度は知名度がある商品の場合は「商品」と「販売」に注力せよ

尊敬している先輩が、ある「加湿器」を褒めていれば、その加湿器について悪いイメージは持たないと思いますし、そのときに、その加湿器を購入しなくても、もし、加湿器が必要になれば、つい、その商品を購入してしまうのではないでしょうか？　つまり、信用ある人から薦められた商品は、即、販売に繋がらなくても、売れやすくなるわけです。

ただ、いくら尊敬する先輩が褒めていても、まったく聞いたことのない怪しいメーカーの加湿器だと、購入を躊躇してしまうのではないでしょうか？　つまり、ある程度、信用がある商品であれば、信用ある人から薦めてもらうのも、1つの売り方だと言えます。

というわけで、ある程度、知名度がある商品の場合は、信用あるサイトを作って、そこで紹介していれば、即、売れなくても、ジワジワ、商品の信用が増すと考えられます。つまり、信用あるサイトを作成するためのスタイルにする必要があるのです（3つの要素のうち「商品」と

「販売員」の2つに、ほどよく特化させます）。

スタイルこそ、成否を分ける！

　上記のように、「どのような商品を販売するのか」で、販売スタイルを変えた方が効率的です。つまり、商品に応じたスタイルを取るべきです。

　そこで、販売する商品に応じて、どのようなスタイルを取るべきかチェックしましょう。

1-8 商品のタイプをチェック

企業向けのチェックシート

それでは、自分のタイプをチェックしてみましょう。

チェックの方法ですが、まずは、質問を読んで、当てはまると思うものに、丸印を付けていってください。あとは、丸印を付けたところに「A：5点」などのようにある点数があるので、A～C、それぞれを合計してください。すると、「A：20点、B：10点、C：15点」のように、点数が出てきます。その中でもっとも得点が高いものが、自分のタイプの可能性が高いです（この例の場合だと、A）。

ただし、タイプ分けは、あくまで「目安」です。

企業向けチェックシート

知名度がない商品を販売している（会社の知名度もない）
　　□その通り（A：10点、C：10点）
　　□どちらとも言えない（A：5点）
　　□違う（B：10点）

会社には知名度はないが、販売する商品には知名度や確実に売れる需要がある
　　□その通り（B：10点）
　　□どちらとも言えない（A：5点、B：5点）
　　□違う（C：10点）

商品に「今すぐ購入しなければならない」というような緊急性がない
　　□その通り（A：10点、C：5点）
　　□どちらとも言えない（A：5点）
　　□違う（B：10点、C：5点）

「ダイエット」「美容」などのような悩みに基づく商品である
　　□その通り（A：10点、C：5点）
　　□どちらとも言えない（A：5点）
　　□違う（B：10点、C：5点）

資料請求などで顧客リストを獲得するのがメインの理由だ
　　□その通り（A：10点、B：5点）
　　□どちらとも言えない（B：5点）
　　□違う（B：5点）

商品を売るよりも、少しでも会社の信用を上げたい
　　　□その通り（A：10点）
　　　□どちらとも言えない（A：5点）
　　　□違う（B：5点、C：10点）

インターネットのためだけに割ける人材はいない
　　　□その通り（A：10点）
　　　□どちらとも言えない（A：5点）
　　　□違う（B：10点、C：10点）

販売する商品は、客観的に見ても怪しい
　　　□その通り（A：5点、C：10点）
　　　□どちらとも言えない（C：5点）
　　　□違う（B：10点）

旅行などのようにすでに需要があるので、お客さえ見つけることができれば売れる
　　　□その通り（B：10点）
　　　□どちらとも言えない（B：5点）
　　　□違う（A：5点、C：10点）

潜在的な需要はあるのだが、需要を掘り起こさないと売れない商品だ
　　　□その通り（A：10点、C：10点）
　　　□どちらとも言えない（A：5点）
　　　□違う（B：10点）

高額の商品で、販売員に信用がないと売れにくい
　　　□その通り（A：10点、C：10点）
　　　□どちらとも言えない（A：5点）
　　　□違う（B：10点）

継続性が高い商品なので、新規の顧客を獲得することにはコストをいとわない
　　　□その通り（B：10点、C：5点）
　　　□どちらとも言えない（A：5点）
　　　□違う（A：10点）

粗利益が低く、嗜好品だ。
　　　□その通り（A：10点）
　　　□どちらとも言えない（A：5点、B：5点、C：5点）
　　　□違う（B：10点）

Aの得点が一番高かった場合は待ち受け型がお勧め

　Aの得点が一番高かった場合、待ち受け型が向きます（55ページ参照）。
　待ち受け型では、たとえば「ダイエットするための100個の方法」のようなサイトを作成して、そこに自社製品の広告を掲載します。イン

ターネット版の「本」「雑誌」を作って、そこに自社製品の広告を掲載すると考えればいいでしょう（56ページ参照）。

待ち受け型は、3タイプのうち、一番、商品の販売力がないので、直接、サイトから爆発的に商品が売れることはありません。

しかし、良質な情報を発信していれば、サイトに信用が付いて、そのサイトで紹介されている商品も信用されるようになりますし、その情報の提供元である会社の信用度も上がります。また「使えるサイト」ということでクチコミが広がって、間接的に商品や会社の知名度アップに貢献できる可能性もあります。

つまり、待ち受け型は、長いスパンで見ると、商品販売に有利に進みます。

また、待ち受け型は、3タイプのうち、もっとも取材されやすいので、ブランディングに利用できる可能性もあります。

Bの得点が一番高かった場合は追跡型がお勧め

Bの得点が一番高かった場合は、追跡型が向きます（97ページ参照）。

追跡型では、「カタログ」のような「商品の情報」が中心のサイトを作って、検索エンジンから「商品を買いそうな人」を集めます（98ページ参照）。

追跡型では、購買意欲の高いお客を見つけて、そのお客に商品を売ることをコンセプトにしたサイトを作成します。

ただ、購入意欲の高いお客は、ある程度、購入したい商品のイメージが固まっているので、イメージにあわない商品は購入しません。では、どのようなイメージで固まっているのかというと、たいてい有名メーカーの商品です。

つまり、追跡型は、購入意欲が高いお客を見つけることに特化しているので、有名企業の商材を販売している企業だと、この追跡型が一番、向きますが、「信用力・知名度が低い商品」を販売するには、かなり不利です。

Cの得点が一番高かった場合はセールス型がお勧め

　Cの得点が一番高かった場合は、セールス型が向きます（147ページ参照）。

　セールス型では、営業マンが使う「セールストーク」を詰め込んだサイトを作ります。ある1つの商品を販売することに集中するので、ネットショップのように複数の商品を販売するのには向きません（148ページ参照）。しかし、セールス型は、カリスマ販売員のような圧倒的な販売力を誇ります。

　ただ、販売力に特化させるがあまり、集客に難があって、集客コストが発生することもあります。また、サイトの作り込み方次第では、「怪しく」感じてしまいますし、福袋のように、イメージを膨らませて、購入させるので、「過大なイメージを持ったお客」から、クレームが発生する可能性もあります。

　しかし、信用力・知名度がない商品・企業は、普通にしても売れないので、このタイプが一番向くと思います。

第2章

待ち受け型

2-1

成功するための3つのタイプ
～待ち受け型

待ち受け型とは？

　待ち受け型とは、特定のテーマについて情報発信するWebサイトのことです。インターネット版の「本」「雑誌」を作成すると考えれば、イメージしやすいでしょう。

　「百聞は一見にしかず」です。待ち受け型の実例を見てみましょう。

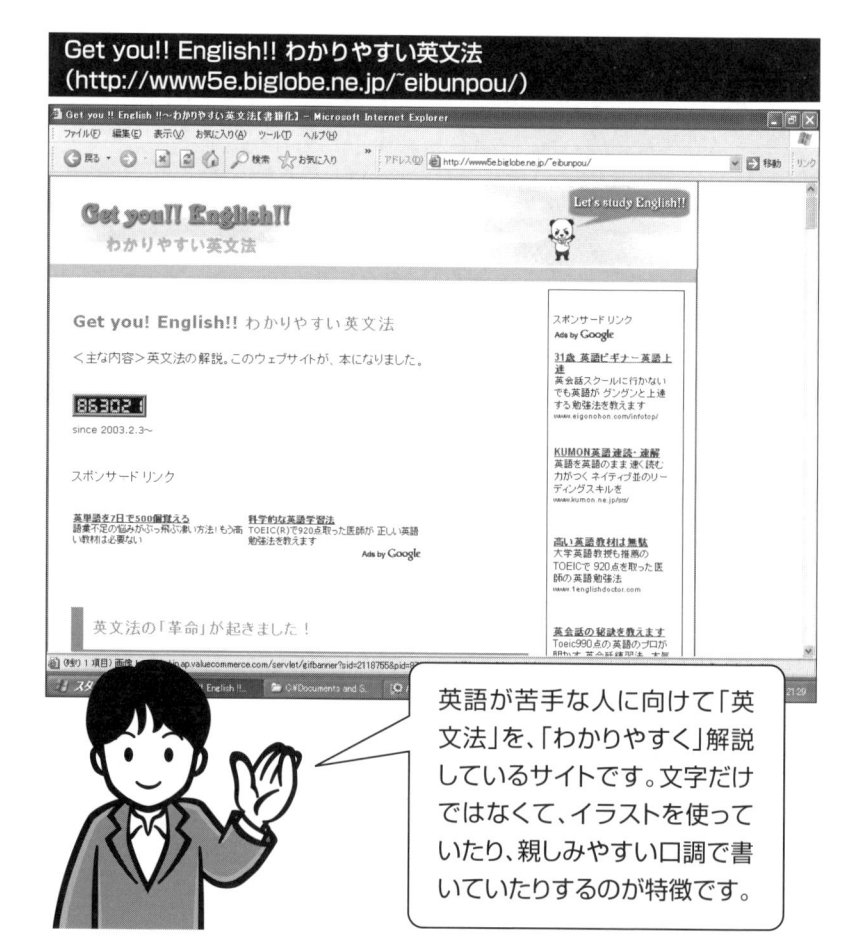

Get you!! English!! わかりやすい英文法
(http://www5e.biglobe.ne.jp/~eibunpou/)

英語が苦手な人に向けて「英文法」を、「わかりやすく」解説しているサイトです。文字だけではなくて、イラストを使っていたり、親しみやすい口調で書いていたりするのが特徴です。

時給106万円！ ネットで儲ける3つの戦略

週末は男のこだわりカレー（http://kodawaricurry.com/）

> カレーに特化したサイトです。スパイスのみを使った健康志向のレシピから、市販のカレールーを使用した多数のレシピの紹介、野菜の下ごしらえ法、スパイス辞典、カレーについての雑学等を掲載しています。

2-1 成功するための3つのタイプ～待ち受け型　57

お金を増やそう！初心者のための資産運用（http://getgapo.fc2web.com/）

> 「初心者」に向けて、株、FX、不動産投資など、投資全般について解説しています。わかりやすく解説しているのが特徴です。

待ち受け型の戦略

「ダイエットで成功した体験談」が中心のサイトを作れば、「ダイエットに興味がある人」が集まります。また、多くの人の役に立つ内容であれば、読者の「信用」を得ることができます。つまり、待ち受け型は、ターゲットとする読者を集めて、その読者の信用を得ることが得意なのです。

これがどのように役立つのかというと、いわば「信用がある人」から薦められた商品は信用度が高くなるのと同じ理屈で、サイトで紹介することで、商品に信用がついて売れやすくなります。

また、信用が増せば増すほど、クチコミを広げてくれる読者も現れて、自然に集客できるようになります。

ただし、信用がない商品をいくら紹介しても、購入まで至ることは少ないので、ある程度は力がある商品でないと売れません。

なお、信用は、押し売りできなくて、自然に発生していくものなので、基本的なスタイルは「待つ」ことになります。

待ち受け型のメリット

待ち受け型の最大のメリットは、運営が軌道に乗れば、頻繁な更新や集客対策をしなくても、自然に集客できて、自然に商品が売れていくことです。つまり、放置していても、収益を生み出してくれるWebサイトになります。実際、前述のWebサイトは、サイトを作成した時から、内容はそれほど変わっていませんし、特段に集客対策もしていないのですが、他のWebサイトやメールマガジンなど、色々なところで紹介されて、自然に人が集まって、収益を生み出しています。

また、待ち受け型は、ある特定のテーマについて解説しているために、「あることについて体験したことがある人」「専門家」などという形で、「本などの執筆依頼」「雑誌掲載」「テレビ局からの出演依頼」などがくることがあります。

【実例①】本の執筆依頼が来た！

「アフィリエイト」をテーマにして、ブログやホームページを作ったところ（http://www.pugu8.com/）、何の前触れもなく、ある日、突然、「執筆依頼」のメールがきました。メールを開いてみると「今度、ブログの本を出版したいのですが書いていただけないでしょうか」という内容でした。当時、自分で築いてきたブログのアクセスアップのノウハウなどを、本としてまとめたいと思っていたこともあって、快諾して、『人とお金が集まるブログ作りの秘伝書』（シーアンドアール研究所）を出版。この本は、2007年12月時点で、7回増刷という実績を残せました。

ちなみに、この本の出版をキッカケに、同じ出版社から、2冊、本を出版できました。そのうちの1冊の『ネットで稼ぐ発想術』（同上）は、増刷するだけではなく、「誰もが知っている有名なドラマの1シーンにチラッと映るかも!?」という話までありました。

【実例②】ホームページが本になった！

「英語が苦手な人をなくしたい」という思いで、「英文法のホームページ」を制作したところ、予測を超えるアクセス数を得ることができました。しかも、「今まで英語はチンプンカンプンだったけど、面白いくらい理解できるようになった」という感想を聞くことができるように。

しかし、少ないながらも「わかりにくい」という声も。そこで、「究極のわかりやすさを目指す」という理念の下、読者から「具体的に、どこがわかりにくいのか」の意見を募集して、さらにわかりやすいノウハウにして、CD-ROMにまとめて販売したところ、意外に好評でしたが、またもや、少ないながらも「わかりにくい」という声が。

そこで、そのわかりにくいという声を生かして、さらに進化させたノウハウを本にしたいと思って、出版社に働きかけたところ、ホームページ公開から4年後、そのノウハウを詰め込んだ本の出版の話がまとまって、『基本にカエル英語の本～英文法入門編レベル1～レベル3』（スリ

ーエーネットワーク）を出版することができました。しかも、自分が思い描いていた理想に近い本になりましたし、レベル１～レベル３まで、すべて増刷もできました。

　英語界とは無縁のネットマーケティングの世界に生きている私が、英語の本を出版できて、その本が増刷するくらい売れているのも、ホームページなどの運営が要因です。

【実例③】テレビ局からの出演依頼が来た！

　３年も「週末は男のこだわりカレー（http://kodawaricurry.com/）」を運営していると雑誌などにサイトを取り上げられることは多々経験しましたが、全国区のゴールデン番組から「テレビに出てみませんか？」というオファーを受けた時にはかなり驚きました。カレーのサイトが、ある番組制作者の目に留まったようで「家族の健康を考えスパイスからカレーを作るお父さん」という形での出演依頼でした。今勤めている会社的に問題があり丁重にお断りしましたが、もし私がカレーの店を経営していていれば、大きな宣伝になったことは間違いないでしょう。

　忘れてはいけないのは、テレビ局からのオファーはサイト運営をしていたことがきっかけになったということ。誰の目に留まるかわからないインターネット上で情報を発信するということは、いろんな可能性を秘めているのです。もしあなたが何かの能力に長けていて、それをアピールすることにより有名になりたいのであれば、インターネットを使わない手はありません。

【実例④】携帯サイトの執筆依頼が来た！

　「資産運用」について解説した「お金を増やそう！（http://getgapo.fc2web.com/）」を運営していますが、そのホームページをキッカケに、「携帯サイト」の執筆依頼がきました。その結果、KDDIの公式サイトの「攻略!!資産UPの秘訣（http://s-kinyuu.com/）」での執筆が決定しま

した。

　もともと、投資が趣味なので、携帯サイトでの執筆は楽しいのですし、何のしがらみもないので、例えば「小額の投資をしてもお金持ちになれない」などのような思い切ったことを執筆できていますが、毎月、まとまった収入にもなっています。ホームページを公開していなければなかった話です。

待ち受け型のデメリット

　待ち受け型の一番大きなデメリットは、サイト運営を軌道に乗せるまでが大変ということです。自転車は速度が出ると、楽にこげますが、速度が出るまでは大変なのと似ています。

　また、サイト運営が軌道に乗って、サイトに信用が付いたとしても、紹介する商品すべて、思うように売れるわけではないので、たいした収入にならないことがあるというデメリットもあります。というのも、待ち受け型に集まる読者は、サイトの内容には興味を持ちますが、サイトで紹介している商品に興味を持つとは限らないですし、例え、商品に興味を持ったとしても、自分のサイトから購入するとは限らないためです。

　同様に、読者の中には、クチコミを広げてくれる人もいますが、そのクチコミは商品のものではなく、サイトのクチコミなので、サイトの内容に興味は持っても、紹介する商品に興味は持たない人が集まる可能性が高くなります。

2-2 待ち受け型を成功させるためのコツ

待ち受け型Webサイトの作り方

　待ち受け型Webサイトを作成するには、以下のように、テーマを決めて、それについて解説・紹介していくだけです。まずは「自分の得意なテーマ」など、書きやすいテーマからはじめるといいでしょう。

　ただし、何も考えずにサイトを作成すると、競争に負けて、失敗する確率も高くなります。そこで、待ち受け型を成功させるための2つの戦略（質と量）を紹介します。

待ち受け型の作成例

テーマ	株投資をはじめよう！
内容	「株投資とは？」「株投資をはじめる方法」「証券会社に口座を作る方法」などを解説
テーマ	夫への愚痴
内容	読者に夫の愚痴を投稿してもらって、Webサイトを作成していく（読者にコンテンツを作ってもらう）
テーマ	書評ブログ
内容	読んだ本の書評を書いていったり、読者に書評を投稿してもらう。

戦略①質で勝負！

　待ち受け型は、「どのようなコンテンツを提供するのか」で成否が分かれます。つまり、「今までにない面白い話、役に立つ話」など、「他の人が提供できないようなサイト」を作成すれば成功します。

　ただ、おいしい食材でも、料理で失敗すると、不味い料理になるのと同じで、どのような面白い話であっても、どのようにサイトを作成するのかで、その良さが伝わるかどうかが変わります。したがって、「企画」をうまく作ることが重要です。

つまり、サイトを作る前に「どういう目的で、どういうサイトを作るのか」という「企画」を立てることで、成功する確率が高くなります。

では、どのように企画を立てればいいのでしょうか？　次の４つの順に考えると、どのようなサイトを作るべきかわかります。

> ①本のように「読み切り」にするのか、雑誌のように「連載」にするのか？
> ②何について書くのか？（テーマ）
> ③誰に読んでもらいたいのか？（ターゲット）
> ④自分で書くか、人に書いてもらうか、それとも読者に投稿してもらうのか？

ただ、ここで、例えば「読み切り」を選んだ場合は、「なぜ、読み切りを選んだのか」など、しっかり、理由がわかっていないと、成功する確率も低くなります。適当に作成すると、成功するか失敗するかは「博打」になるのです。

そこで、以下のものについて知識を吸収しましょう。

- 読み切り、連載のメリット・デメリット（66ページ参照）
- テーマを選ぶ際に注意すべき点（69ページ参照）
- ターゲットを選ぶ時の知識（71ページ参照）
- 誰がサイトを作成するのか（73ページ参照）

戦略②量産で勝負！

１日100アクセス数あるサイトを、100個作れば、１日１万アクセス数になります。つまり、サイトを量産すると、１つ１つのサイトのアクセス数は少なくても、全体としてみた時、前述の「質」で勝負したサイトを凌駕することもできます。このように「量」で勝負することもできます。

しかし、どのように量産すればいいのでしょうか？

以前は、パソコン知識がない人にとって、量産は難しいものでしたが、今では、主に、記事購入、サイト量産ツールの2つ手段が登場して、誰でも、簡単に、量産できるようになりました。つまり、記事購入やサイト量産ツールを使えば、誰でも、何も考えなくても、簡単に、大量のホームページがブログを量産できるのです（84ページ参照）。

ただ、量産してできあがるサイトは、やはり量産品だけあって価値が低いので、出版・取材などは期待できませんし、自然にクチコミで自然に集客できる確率も低くなります（しかし0ではありません）。ですから、そのまま量産したサイトを利用してもいいのですが、外注を利用したりして、価値あるWebサイトに作り変えてもいいと思います。

サイト運営で気を付けるべき点

実際にサイトを作る際は、内容だけではなくて、「デザイン」と「ユーザビリティ（閲覧しやすいように、読者の立場になってサイトの構成などを決めること）」にも気を付けます（77ページ参照）。内容が良ければ、デザインもユーザビリティも悪くても、人気が出ることがありますが、やはり、デザインやユーザビリティが良ければ得します。

また、待ち受け型は、それほどSEOなどの集客対策に気を付けなくても大丈夫なことが多いですが、サイトを作成した後、軌道に乗るまでは、集客する必要があります（87ページ参照）。

2-3
読み切りにするか継続するかを選択しよう

読み切りにするか継続するか

　待ち受け型は、いわば「本」や「雑誌」のイメージです。まずは、本のように「読み切り」にするか、雑誌のように「継続」するか決めましょう。

　ちなみに、読み切り、継続共に、メリット・デメリットがあって、どちらが優れているというわけではありません。自分の好みで選びましょう。

　なお、読み切りはホームページで、継続はブログで運営するといいでしょう。

「読み切り」と「継続」

> 同じ「不動産投資」というテーマでも「読み切り」と「継続」ではサイトの作り方が変わる！

● 読み切り

サイト名	不動産投資をするために必要な知識
内容	「物件を探すのはどうすればいいのか」「物件を購入する時、どのような手数料がかかるのか」「物件を所有すると、どのような経費がかかるのか」などの基礎知識。

● 継続

サイト名	不動産投資の実況中継
内容	不動産投資をはじめる著者が、物件を所有して大家さんになるまでの話を実況中継。大家さんになった後は、日々の収益物件の運営の状況を掲載。

読み切りのメリット・デメリット

　読み切りの一番大きなメリットは、「一度、作成してしまえば、大きな更新をしなくても、継続して、アクセスがある」という点です。最初は大変ですが、作成して軌道に乗れば、手がかからなくなることが多いです。

もう一つのメリットは、「少ない記事でも勝負できる」という点です。面白い記事が15本しか書けなくても、サイト構成を工夫すれば、人気サイトになることもできます。実際、執筆者の運営するサイトの中には、記事の数が、わずか15本くらいしかないのに、Yahoo! JAPANのカテゴリに登録されたり、登録の際、新着ピックアップ（カテゴリに登録されたサイトの中で特にお勧めのサイト）として紹介されたりしたサイトもあります。

同じように、ネタを全部を出さなくても作成できるので、出版などを考える時、一部のネタだけを公開して、後のネタは公開せず、出版が決まった時に、公開していないネタを本にするということもできます。

一方、デメリットは、すべての記事を読んだ読者は、もうサイトに訪れなくなるので、リピーターを確保しにくく、アクセス数を稼ぎにくくなるという点です。記事の数が少なくなればなるほど、アクセス数は上がりにくくなる傾向があります。

継続のメリット・デメリット

継続の一番大きなメリットは「リピーターの確保」です。常に何か記事を提供するので、更新が楽しみなリピーターが増加して、劇的に、アクセス数が上がっていくことがあります（下図参照）。

一方、デメリットは「更新が大変なこと」です。リピーターを作り続けるような面白い記事を書き続けるのは大変ですし、ネタが持ちません。

また、定期的に記事を書いているので、記事の数が多くなって、過去の記事が読まれなくなってしまうというデメリットもあります。うまくカテゴリを作って、記事を分類したとしても、どうしても過去の記事は埋もれてしまうので、過去の記事を生かしたい場合は、別のサイトを立ち上げる必要が出てきます。

継続型のメリット

読み切り

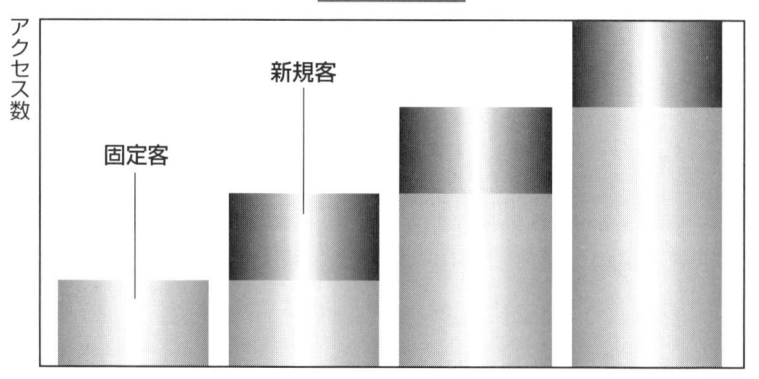

アクセス数／時間

固定客ができないので
アクセス数は伸び悩む…

継続

アクセス数／時間

固定客
新規客

継続型なら時間とともにアクセス数が上がっていく！

68　第2章　待ち受け型

2-4

テーマ選びのコツ

テーマ選びは重要！

　雑誌の「職種別の平均年収」を見ると、例えば、金融業界（銀行など）の給与は高くて、食品業界の給与は低いというように「業界」によって貰える給与が違うことがわかります。つまり、就職する業界が悪ければ、いくら努力しても多額の給与を貰うことができないということです。

　インターネットも同じです。「テーマ」を間違えると、いくら努力しても、たいした収入にはならないことがあります。

　そこで、「稼ぎやすいテーマ」を選ぶことが重要です。具体的には、「広告費をかけている業界（業界全体のアフィリエイト報酬が高いテーマ）」、「社員の平均給与が高いと噂されている業界」を選ぶといいでしょう。例えば、広告費をかけている業界だと「キャッシング」「保険」「コスメ」「美容・ダイエット」などが、社員の平均給与が高いと噂されている業界だと、「株・FXなどの投資」などがあります。

　ただ、一般的に稼げる業界は競争が激しく就職しにくいのと同じで、稼げるテーマは競争が激しくてまったく収入にならないこともあります。自分の力量に合わせたテーマ選びも必要です。

普遍的なテーマを選ぼう！

　給料が高いと言われていた業界でも、不景気で、低賃金になることがあります。つまり、一時期の評価にとらわれずに、長いスパンで就職する業種を考えないと、失敗することもあります。

　インターネットも同じです。長く安定してサイト運営したいなら、ある一時期だけ流行するテーマではなくて、10年後、20年後でも大きくは変わってないであろう普遍的なテーマや、頻繁に流行を繰り返すようなテーマを選ぶことが重要です。

具体的には、カレーのレシピ、オセロの勝ち方、油絵の書き方のコツなどの普遍的なテーマや、株投資、ダイエットなどのような頻繁に流行を繰り返すテーマがお勧めです。

専門家になれるテーマがお勧め

「稼げるテーマ」「普遍的なテーマ」を選んでも、差別化が図れなくて、他のサイトに埋もれてしまうことがあります。そこで、専門家になれるテーマにしましょう。

具体的には、「(そのテーマについて)2時間は話をできるテーマ」や、「自分が今までに一番お金をかけたことに関するテーマ」など、自分の経験を生かせるテーマにすると、専門的なサイトになりやすいので、お勧めです。このような専門的なサイトになると、ネット上にあまりない情報なので、大きなアドバンテージがあります。

なお、ネット上に今現在ある情報でも、違った切り口で攻めることができれば問題ありません。

体験談が主体になるようなテーマにすべし！

100個の記事より、1個の体験談の方が貴重なこともあります。「これから何かに挑戦したい！」というテーマがあれば「初心者がはじめる○○」という体験談型サイトを作るといいでしょう。逆に「このテーマはネット上にあまりないだろう」というものがあれば、興味はなくとも、サイトを作成するために、実際に体験してみるのも1つの手です。

ちなみに、体験談型サイトを作るには時間がかかりますし、使える時間の範囲は知れています。そのような場合は、配偶者や友人の今までの体験談を記事にしてもらい、それを買い取ったり、外注（209ページ参照）したりする手もあります。なお、「体験が主体のサイト」だと、出版・取材の依頼がきやすいので、本の出版やブランディングを考えている場合は、このテーマにするといいでしょう。

2-5 専門店と総合店のメリット・デメリット

ターゲットの設定が勝負を決める!

同じ「株投資」というテーマでも、「初心者」に向けて書くのか、「上級者」に向けて書くのかで、内容が変わるだけではなく、「アクセス数」「収入」などにも影響します。そこで、テーマが決まった後は「誰に読んでもらうのか(ターゲット)」を決めましょう。

では、どのようにしてターゲットを決めればいいのでしょうか?

まずは「属性」とは何かを知る必要があるので、属性とは何なのかから説明します。属性とは、下記のように、自己紹介の時に出てくるものと考えればいいでしょう。

属性の例

私は大阪出身で	出身地
千葉在住です。	居住地
妻がいて	性別
子供がいます。	家族構成

ターゲットを決めよう!

ターゲットを決めるには、下記のように、「将来、自分のサイトの読者になる人が、どのような自己紹介をするのか」を想像して、読者の属性を考えるといいでしょう。

自己紹介からサイト案を作る

(将来の)読者の自己紹介	ターゲット	サイト案
サラリーマンをしていますが、副収入が欲しくて、株をはじめました。株は初心者です。	サラリーマン、株の初心者	忙しいサラリーマンのための株投資サイト〜初心者でも忙しくてもできる!

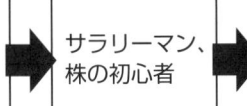

専門店と総合店のメリット・デメリット

　例えば、「全国の観光スポット」のように、ターゲットを限定しないサイトだと、「日本の観光地に興味がある人」すべてが興味を持つので、莫大なアクセス数、収入を得ることができる可能性があります。しかし、実際は、全員に満足してもらえるようなサイトを作成するのは難しく、中途半端なサイトになって、読者に支持されず、ほとんどアクセス数が集まらないことが大半です。アクセス数が集まらないと、収入にもなりません。つまり、ターゲットを限定しないと、「ハイリスク・ハイリターン」になります。

　一方、例えば、「箱根に興味がある人」をターゲットにした「箱根の観光スポット」のように、ターゲットを絞ったサイトだと、（箱根に）興味を持つ人の絶対数は少ないので、どんなにいいサイトを作っても、アクセス数、収入は限定されてしまいます。しかし、ターゲットを絞っているがゆえに、比較的、簡単に読者に満足してもらえるようなサイトを作成できるので、アクセスや収入を得やすいと言えます。つまり、ターゲットを絞れば絞るほど「ローリスク・ローリターン」になります。

　というわけで、初心者のうちは、ターゲットを絞ったサイトを作成するといいでしょう。

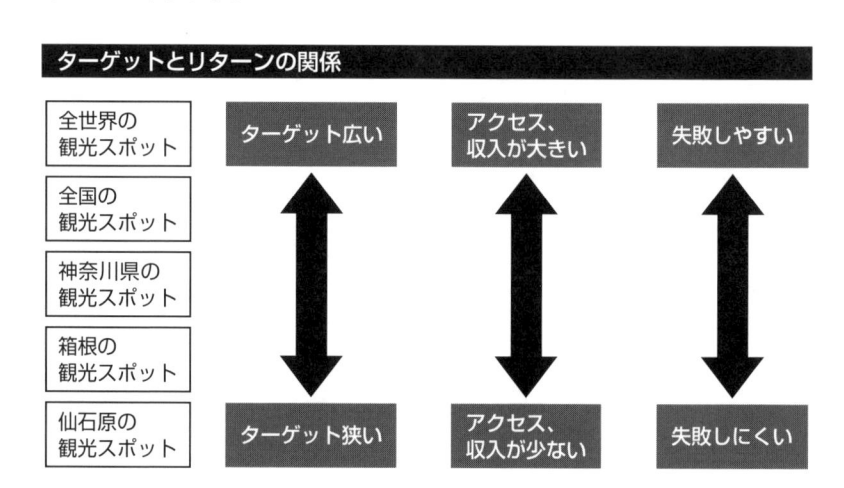

ターゲットとリターンの関係

全世界の観光スポット	ターゲット広い ↕ ターゲット狭い	アクセス、収入が大きい ↕ アクセス、収入が少ない	失敗しやすい ↕ 失敗しにくい
全国の観光スポット			
神奈川県の観光スポット			
箱根の観光スポット			
仙石原の観光スポット			

2-6
誰がWebサイトを作るのか決めよう！

人の力を借りよう！

　どのような内容にするのか決めた後は、実際に、Webサイトに作成していけばいいのですが、忙しくて時間がなかったり、そもそも作成することができないテーマだったりした場合は、他の人の力を借りるのも手です。

　具体的には、読者に記事を投稿してもらう「投稿サイト」、読者同士のコミュニケーションがコンテンツになる「コミュニティサイト」があります。また、企画だけを立てて、あとは外注してもいいでしょう（209ページ参照）。

　このようにして「人の力」を借りてサイトを作成することもできます。

投稿サイトを作ろう！

　投稿サイトとは、読者に記事を投稿してもらって、それをコンテンツにしていくサイトのことです。例えば、読者から給与明細を募集して、それを公開していく趣旨の「給料明細調査隊！（http://www.pugu8.com/wage/）」があります。このサイトのように、読者から集めた声をサイトのコンテンツにすることもできます。

　投稿サイトは、読者がコンテンツを作成していくので、手間がかかりませんし、思わぬ情報を提供してくれて、それがキッカケでアクセス数が集まるというメリットがあります。実際、「給料明細調査隊！」では、獣医師の給与と実情について書かれた投稿記事が、某巨大掲示板で話題になって、アクセス数が激増しました。また、この某巨大掲示板を見た人が、自身のブログで、この記事を紹介してくれて、被リンクも増加しました。

　ただし、このような投稿サイトは、サイトが軌道に乗るまで、ほとん

ど投稿してもらえないというデメリットもあります。読者が思わず投稿したくなるようなテーマ設定が大切です。

具体的に、投稿サイトを作成する方法ですが、どういうお題で行くのかテーマを決めて、ホームページかブログを作るだけです。あとは、投稿してもらうために、情報を書き込むことができる掲示板や、メルアドを公開しておけばOKです。

コミュニティサイトとは？

コミュニティサイトとは、読者同士、コミュニケーションができるサイトのことです。例えば、大規模なものだと、Yahoo! JAPANなどの大手ポータルサイトが提供している「掲示板」などがあります。

コミュニティサイトは、読者同士が会話して、それをコンテンツにするので、無限にコンテンツが増加していくというメリットがありますが、投稿サイトと同じように、固定客ができるまで書き込みはありませんし、「不適切な書き込み」を削除しなければならなかったり、読者同士の言い争いを処理しなければならなかったりと、運営に意外に手間がかかるというデメリットがあります。

またコミュニティサイトに集まる読者は、「交流すること」が目的のために、商品を紹介しても売れにくく、さらに読者は固定されていることが多いので（つまり、新しい読者が増加しにくい）、一度売れれば後は売れないということが起きると言われています。

なお、コミュニティサイトは、掲示板を用意するだけで、はじめることができます。

サイトに掲示板を設置する方法は、本書の購入者特典（7ページ参照）の「ゼロから始めるサイト運営」をご覧になってください。本書を購入した方へ、無料で配布しています。

2-7
一歩進んだWebサイト企画術

ライバルに一歩先んじる！

「読み切りにするのか、継続するのか」「テーマ」「ターゲット」「製作者」を決めても、すでに同じようなライバルサイトがあることもあります。また、同ジャンルのサイトと同じ路線、切り口では後発組はどうしても不利になってしまいます。

そこで、ライバルサイトより一歩抜け出たサイトになるように工夫をする必要があります。

ライバルサイトに勝つ方法

他にはない独自性を出すことにより差別化を図ることが重要です。

例えば、ライバルサイトを見て、「解説だけのサイト」が多ければ、自分が実際に体験してみて感想を書いたり、「複数の商品を比較するサイト」が多ければ、1つの商品を徹底的に紹介するサイトを作ったり、「商品情報だけのサイト」が多ければ、その商品をどのように使えば便利なのかなどの活用方法を充実させたサイトなどにするといいでしょう。

ジャンルにより攻めどころはまだまだ残っています。

オリジナルの写真を使って訪問者の気を引こう

多くの人は、何か情報を探して検索する時、3秒で自分の欲しい情報があるサイトかどうか判断するといわれています。つまり、訪問者は、自分の運営するサイトに辿り着くまで、既に多数のライバルサイトを見ているのです。もし、自分のWebサイトが他のサイトと同じような「見た目」だったら、「今まで見た他のWebサイトと同じだろう」ということで、ほんの数秒でページが閉じられてしまう可能性が高くなります。

つまり、訪問者がサイトに来た瞬間に「このサイトは他と違う。ちょ

っと見ていこう」と思わせることが重要です。

　そこで、自分が撮ったデジカメ写真を数多く掲載するといいでしょう。旅行サイトであれば思い出のスナップ写真を掲載したり、商品の紹介サイトであれば実際に使用している写真などをデジカメで撮って紹介するといいでしょう。

　訪問者は「目的」を持って色々なサイトを見ているので、体験談とデジカメ画像が掲載されていれば、「このサイトの管理人は実際に体験しているんだ、ちゃんと調べているんだ」と思われ「信憑性が高いサイト」と判断してもらえます。つまり、差別化に成功することができるというわけです。

　ただし、多数の写真を掲載したり、画素数の高い写真を使うと、ページが開くまで時間がかかるので、使う写真は厳選して、画素数を落として使うといいでしょう（78ページ参照）。

2-8 ユーザビリティを考えよう

ユーザビリティを考えよう

　ユーザビリティとは、本来、製品やサービスなどの「使い勝手」を意味しますが、インターネットでは、サイトに訪れた人が、どれだけ快適に、素早く情報を見つけることができるか、「サイトの使いやすさ」を意味します。いくら訪問者が増えても、サイトの作りが悪く、読者がすぐに去ってしまうのでは意味がありません。訪問者の目線に立ったサイト構成が重要なのです。

　では、具体的に何に気を付ければいいのでしょうか？　最低限でも気を付けておきたい5つのポイントを紹介しましょう。

カテゴリ案を紙に書き出して分類しよう！

　記事をカテゴリ別に分類すると、使いやすいサイトになります。

　そこで、サイトを作成する前に、紙に「具体的に、どういう記事を作成するのか」を書き出すといいでしょう。紙に書き出すことで、頭を整理できますし、効果的なカテゴリを決めることができます。

カテゴリ案の決め方

紙に記事を書き出す

- 株とは？
- 株を売買すると、なぜ収入が得られるの？
- 株を売買するには？

カテゴリを決定する

- 株を始める前に知っておくべきこと

紙に記事を書き出す

- 証券会社はどうやって選ぶの？
- 実際に売買してみよう！
- 銘柄の選び方
- 板情報って？

カテゴリを決定する

- 株取引をはじめてみよう！

紙に記事を書き出す

- ローソク足ってなあに？
- 移動平均線ってなあに？

カテゴリを決定する

- 株投資に勝つためのチャート分析

目的のページを探すのに3秒以内に見つかる構成にする

　訪問者がサイトを見てから「3秒以内」に、目的のページに行くことができるようにリンクを配置しましょう。

　一般的な人は、ページの左上から、右下に目線を動かすと言われているので、トップページの左上の位置に、「カテゴリ」や「最新の記事」など読んでもらいたいものを配置すると、効果的だと思います。

2クリックで目的の情報を表示できるようにする

　すべてのページをトップページから2クリック以内で移動できるようにしましょう。

　階層が深いページになればなるほど、訪問者がそのページを見てくれる可能性はどんどん少なくなっていきます。

サイトが表示されるまでに3秒以上かからないようにする

　データ量の多いデジカメ画像などを複数掲載すると、サイトが表示されるまで時間がかかってしまいます。高速回線が主流になった今、ページ表示に時間がかかるサイトは、すぐに訪問者が去ってしまうので、データ量には配慮しましょう。

　具体的には、1ページ当たり、50KB以下にするといいでしょう。

サイト内で迷子にならないような構成にする

　今、サイト内のどのページを読んでいるのか、今読んでいるページが、さっきまで読んでいたページと、どういう関係にあるのか把握できないと、訪問者は去ってしまいます。そこで、下記のように、サイト内のどのページを見ているのか、また、すぐにトップページや、1つ上の階層に移動できるように表示するようにしましょう。

　なお、このように、サイト内のどの位置になるページなのか表示しているリンクのことを「パンくずリスト」と言います。

時給106万円！　ネットで儲ける3つの戦略

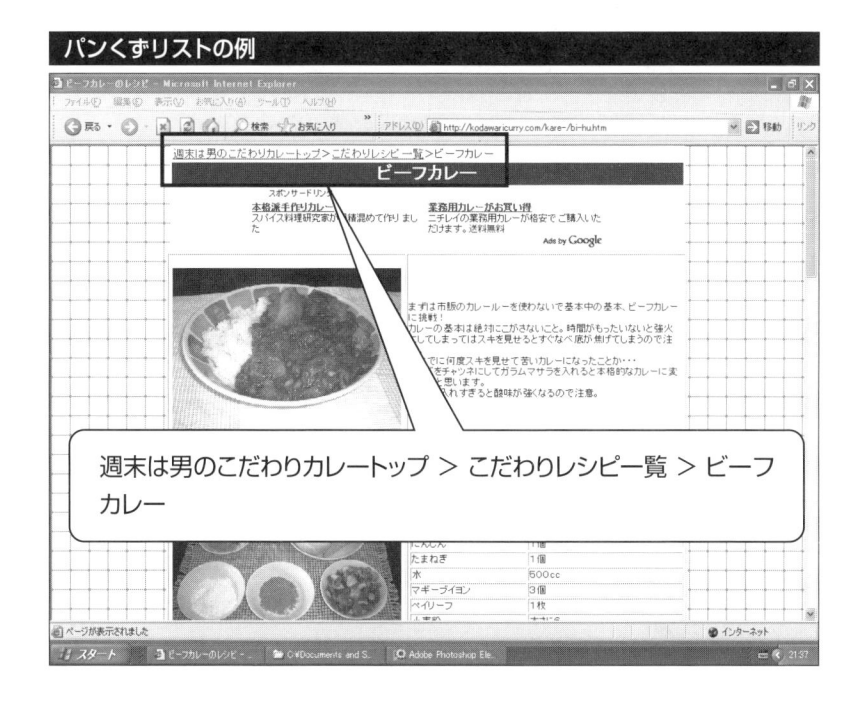

パンくずリストの例

週末は男のこだわりカレートップ ＞ こだわりレシピ一覧 ＞ ビーフカレー

2-8　ユーザビリティを考えよう　79

2-9

第一印象が重要

デザインも重要！

　他のスタイルだと、デザインはそれほど重要ではありませんが、待ち受け型は、ある程度、デザインがあった方が、説得力が増します。

　実際、以下の２つのサイトを見比べてみましょう。同じような内容なのに、デザインがいい方が、説得力があると思います。

パンくずリストの例

▼デザイン良い

デザイン悪い▶

第2章　待ち受け型

テンプレートを使おう！

ただし、デザインを良くしようと思っても、経験がないと、なかなか難しいのも現実です。そこで「テンプレート」を利用しましょう。

テンプレートとは、あとは本文を入れれば完成する状態になっているホームページ、ブログのことです。テンプレートを使えば、デザイン力がなくても、本文を入れるだけで、カッコいいサイトを運営することができます。

どこでテンプレートを入手するの？

テンプレートを配布しているサイトは「テンプレート」「テンプレート＋無料」などと検索すると見つけることができます。テンプレートを無料で配布しているサイトもあれば、有料で販売しているサイトもあって、一般的に価格が高いほど、デザインも良くなる傾向があるので、予算に応じて、テンプレートを選択するといいでしょう。

なお、著者の１人である石崎が執筆している『初心者でもできる！繁盛ブログになれるSEO入門』（秀和システム）の購入者特典に、「パソコン知識０でも、テンプレートを使って、ホームページを作成できるようになるマニュアル」と「テンプレート」を配布しています（http://www.netkiwameru.com/seo.html）。もし、テンプレートを使ってサイトを作成することができない場合は、こういうものを利用してみるのもいいでしょう。

2-10

Webサイトの価値を変える要因

まったく同じサイトでも価値が変わる！

　テーマ、ターゲットなどが同じでも、「文章の書き方」「利用する写真などに対するこだわり」が異なれば、まったく違うサイトになることがあります。

　そこで、文章の書き方や、利用する写真に対してこだわることをお勧めします。

専門用語を誰にでもわかる言葉に翻訳しているサイトは価値が高い

　せっかく、サイトに訪問者がきても、専門用語や、難しい表現を使っていると、本文を読まずに、他のサイトに行ってしまうこともあります。そこで、「中学生が読んでもすべてを理解することができるくらいの表現」にするように心がけましょう

　ただし、このときに気を付けるべき点があります。それは、普段、何気なく使っている言葉は、その職業の人だけが利用する専門用語かもしれないということです。つまり、書いている本人には、専門用語や難しい表現だと気が付かないので、自分ではわかりやすい表現と思っていても、第三者には、わかりにくいこともあるのです。

　そこで、実際に友人や家族に読んでもらいチェックしてもらうといいでしょう。「わかりやすい文章か」「知りたい情報を素早く探せるか」「目に優しい色使いか」「購入方法はすぐ理解できたか」「専門用語を使っていないか」というポイントを伝えておけば、スムーズに進むと思います。

　ホームページは訪問者に24時間対応する営業マンですが、この営業マンが理解しにくい説明をしたからといって、訪問者はいちいちクレームのメールは出してくれません。反応が得にくいからこそ、十分過ぎるほどの配慮が必要です。

利用する写真などに対するこだわり

　以下の２つの写真を見た時、多くの人は、Ｂの方が「本格的な写真」と感じると思います。このように、掲載する写真に対して「こだわり」を持つことが重要と言えます。

　ただ、魅力的な写真は、画質がいいということも条件なので、画質がいい写真にしたいところですが、写真を利用する場合、ユーザビリティに配慮するために、データ量が大きくならないように画質を落とす必要があります。

　そこで、「アングル」に、こだわった写真を利用するのも１つの手です。「アングル」次第で、画質が悪くても、本格的に見えることもあります。

写真のアングル

◀写真A

写真B▶

2-10　Webサイトの価値を変える要因

2-11
サイトを大量生産して「量」で勝負する方法

サイトの量産こそが生き残るチャンス！

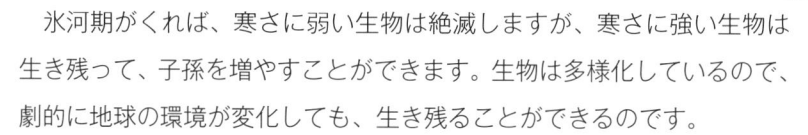

　氷河期がくれば、寒さに弱い生物は絶滅しますが、寒さに強い生物は生き残って、子孫を増やすことができます。生物は多様化しているので、劇的に地球の環境が変化しても、生き残ることができるのです。

　サイト運営も、同じです。今、人気があるサイトでも、ブームが過ぎ去って、アクセス数が激減することもありますし、たまたま検索エンジンの評価が良くて集客できているサイトでも、ある日、突然、集客できなくなることもあります。このように、インターネットの環境変化は激しいものがあるので、環境が激変しても収入やアクセス数が0にならないように、サイトを多様化させることが重要になります。

　つまり、色々なサイトを量産して、運営するサイトの「数」を増加させるのです。

サイト量産のメリット・デメリット

　サイトを量産すると、他にもメリットがあります。

　1つ目のメリットは、「チリも積もれば山となる」ことです。サイトを量産すれば、1つ1つのサイトのアクセス数は少なくても、全体としてみれば莫大なアクセス数になります。したがって、量産したサイトでも、「企画から考えて、ヒットさせたサイト」と同じくらいの広告効果が期待できます。また、大量生産したサイトから、メインとする「質」のサイトにリンクをかけて、メインのサイトに、莫大なアクセス数を呼び込むこともできます。

　2つ目のメリットは、誰でも一定の品質を持ったサイトを作成できることです。企画から考えて作成したサイトは、人によって出来栄えが違いますが、後述の量産を使えば、できあがるサイトは誰がやっても一定

の品質になるので、失敗しにくいと言えます。

一方、デメリットもあります。

1つ目のデメリットは、費用がかかるということです。

2つ目のデメリットは、一定の品質のサイトができあがるゆえに、突出したサイトができないということです。つまり、出版・取材などがの可能性は低くなりますし、クチコミで集客しにくくなるということです（といっても、外注などを利用して価値あるサイトに作り変えれば、このデメリットはなくなります）。

このようにサイトの量産にはデメリットがありますが、メリットもあるので、チャレンジするのも悪くはないと思います。

では、具体的に、どのように量産すればいいのでしょうか？

サイト量産の方法

量産する方法は、主に、記事購入、サイト量産ツールの2つあります。記事購入とは、安価に記事を販売している会社があるので、そこから記事を購入すること（記事バンク：http://ブログ記事作成販売.jp）、サイト量産ツールとは、クリックだけでサイトが量産できるツールのことです（http://www.netkiwameru.com/tool.html）。これらのうち、どれを選んでも、量産することができます。

初心者のうちは、まずは、上記の2つのうち、どれか1つを選んで量産するといいでしょう。

外注の必要性

サイト量産ツールと記事バンクも、両方とも、基本的にはリライト不要（文を書き直す必要がないということ）ですが、できあがる内容を見ている限り、待ち受け型の特徴である「価値があるサイト」としては、不十分と言えます。

そこで、価値があるサイトに作り直すために、「外注」を利用するといいでしょう。外注を利用することで、量産した同じようなサイトでも、オリジナリティがある価値のあるサイトへ生まれ変わります。

　ただ、外注の仕方が問題です。できるだけ安価に済ませるために、アルバイトを利用したいところですが、アルバイトだと複雑な作業はできません。そこで、作業を単純化して、作業表を作成する必要があります。具体的には、作り直す上で重要な箇所をピックアップして、それをどのように変えて欲しいのか表を作るのです。

　このように外注を組み合わせることで、まるで工場生産のように、ある程度、価値があるサイトを量産することができるようになります。

価値あるWebサイトの量産方法

```
┌─────────────────────────────────────┐
│    記事購入もしくはサイト量産ツール          │
│  ┌───────────┐   ┌───────────┐      │
│  │ Web サイト │   │ Web サイト │      │
│  └───────────┘   └───────────┘      │
│  ┌───────────┐   ┌───────────┐      │
│  │ Web サイト │   │ Web サイト │      │
│  └───────────┘   └───────────┘      │
└─────────────────────────────────────┘
                 ↓
┌─────────────────────────────────────┐
│          アルバイトに外注                │
│  ┌──────────────┐ ┌──────────────┐  │
│  │価値あるWebサイト│ │価値あるWebサイト│  │
│  └──────────────┘ └──────────────┘  │
│  ┌──────────────┐ ┌──────────────┐  │
│  │価値あるWebサイト│ │価値あるWebサイト│  │
│  └──────────────┘ └──────────────┘  │
└─────────────────────────────────────┘
```

2-12
待ち受け型の集客術

待ち受け型は、「クチコミ」を期待できる！

　他のスタイルと違って、待ち受け型は、集客面で有利です。

　というのも、「Yahoo! JAPAN（http://www.yahoo.co.jp/）」や「All About（http://allabout.co.jp/）」のカテゴリ登録がされやすく、クチコミも期待できるためです。実際、「Get you!! English!! わかりやすい英文法（http://www5e.biglobe.ne.jp/~eibunpou/）」は、Yahoo! JAPANのカテゴリに登録された際、新着ピックアップとして選ばれたり、その他、大手のポータルサイトに登録されたり、gooなどの掲示板で、「わかりやすい英文法サイト」としてクチコミが広がったりして、ほとんど何もしなくても、集客できています。また、ソーシャルブックマーク（ブックマークをネット上で公開する仕組み）に登録していただいています。今では、サイトが書籍化されたので、本屋さんでもサイトのPRができています。

　といっても、まったく集客対策をしなくていいわけではありません。必要最小限の集客対策をする必要があります。

必要最小限の集客対策

　待ち受け型ですべき集客は、「相互リンク」がお勧めです。

　ただ、SEO目的の相互リンクとは違って、相互リンクをする「相手のサイト」を厳選する必要があります。というのも、相手のサイトの質が高ければ、意外に、相手サイトのリンクからアクセスがあるためです。

　ただ、質の高いサイトは、質の高いサイトとしか相互リンクしない傾向があるので、自分のサイトのコンテンツを充実させてから相互リンクをするようにしましょう。

Yahoo! JAPANのカテゴリ登録、All Aboutの登録

「Yahoo! JAPAN」「All About」のカテゴリは、人の目で、登録するかどうか決めているので、一般的に、「価値があるサイト」ではないと登録されません。つまり、これらに登録されているサイトを「価値あるサイト」と感じる人も多く、登録されているサイトをクチコミで流す人もいるので、カテゴリ登録を目指しましょう。

ただ、カテゴリ登録の申請は無料ですが、「登録は東大入学よりも難しい」と言われていることもあって、申請しても、必ず登録できるわけではありません。登録されるだけの価値あるサイトを作成することが重要です。具体的には、「流行しはじめたテーマ」「体験談が豊富なサイト」「カテゴリ登録されているサイトが少ないところ」「ニッチなテーマ」などです。

なお、企業の場合は、有料で審査できますので、カテゴリ登録をすることをお勧めします。

クチコミを加速化させる!

クチコミを加速化させるために、「ランキングサイト」に参加してみるのもいいでしょう。

ランキングサイトとは、「読者の投票数（読者がリンクをクリックした回数）」に応じて、「人気度」を決めて「順位付け」しているサイトのことです。例えば「1位：ボクの誌　1000ポイント、2位：彼女の伝説　980ポイント」のように、ランキングサイトに参加している色々なサイトが「人気度」順に並べられています。

順位が低ければ、アクセスは得られませんが、ランキングサイトで、上位になれば、莫大なアクセスを呼び込むことができます。ほとんどのランキングサイトでは、参加無料なので、試しに参加してみるといいでしょう。例えば、以下のランキングサイトがあります。

- 人気ブログランキング（http://blog.with2.net/）
- Air ランキング（http://airw.net/）

　なお、無料登録すると専用のリンク（タグ）を教えてくれるので、そのリンクを、ホームページ、ブログに掲載するだけで参加できます。そのリンクをクリックする読者が多いと、上位に行って、クチコミが加速化されることがあります。

2-13

用語集で集客力を補完しよう！

用語集とは？

　用語集とは、サイトに関係する「専門用語」を、わかりやすく説明したコンテンツのことです。実際、用語を、あいうえお順やアルファベット順に並べて辞書のように探しやすくしているサイトもよく見かけます。

　待ち受け型のサイトでは、用語集を利用する読者は多いので、サイトに用語集を併設することをお勧めします。

用語集のもう一つの目的

　例えば、「これからマイホームを購入しようと思っている人」は、インターネットで住宅関係の用語を検索することがあります。もし、「マイホームの購入体験談」を解説したサイトに用語集を作れば、用語集経由で、訪問者が、サイトに興味を持つ可能性もあります。

　このように、用語集を用意すれば、読者がサイトを使いやすくなるようになるだけではなく、「検索エンジンで、用語を検索した新しい訪問者」もサイトの「ファン」にすることができるのです。

　用語集の1つが1日に集めることのできる訪問者は1人かもしれませんが、キーワードが100個になると単純計算で1日に100人集めることができるのです。1日に1つでも、1週間に1つでもいいので、用語集のキーワード数を増やしていきましょう。

　なお、用語集を作成する場合、1ページ当たり、用語は1つにして、徐々に作成していくようにしましょう。徐々に作成することで、頻繁に更新するページとして検索エンジンから高評価される可能性も高まります。

利用目的に応じた用語集

単なる用語集ではなく、「1つの用語を徹底的に、わかりやすく解説する」などのように、他のサイトと差別化を図ることもできます。実際、「お金に増やそう！（http://getgapo.fc2web.com/）」の用語集の一部は、「わかりやすさ」で差別化を図ろうとしています。

ただし、メインとなるコンテンツは用語集ではありませんので、手間をかけずに用語集を作成したいものです。

用語集を購入するのも手

用語集は、誰が作成しても、それほど大きな差はないので、サイト量産ツール（http://www.netkiwameru.com/tool.html）などから購入してしまうのも手です。購入して、そのまま利用してもいいですし、価値ある記事に書き直してもいいでしょう。

販売されている用語集には、ある程度、記事があるので、0から用語集を作るより、労力はかかりません。

2-14

失敗から成功を導き出す！

失敗を成功に変える秘訣

　「テーマ選びで失敗した」「ターゲットを考えていなかった」
　執筆者も、このような失敗を繰り返しています。しかし、このような失敗を失敗のままで終わらせずに、成功にもってくこともあります。
　では、具体的に、どのように成功に変えていけばいいのでしょうか？ここでは致命的とも言える「テーマの選定」と「ターゲットの設定」のミスから成功に持っていた事例を２つ紹介します。

テーマの失敗～マッチする広告がない！

　テーマ選びやターゲット設定が成功して、アクセスが集まるようになっても、サイトにマッチした商品がないということは多々あります。「週末は男のこだわりカレー」（http://kodawaricurry.com/）がいい例です。「アクセスさえあれば鍋でも包丁でも売れるだろう」と高をくくっていましたが、実際にはそんなに甘いものではなく、いくらアクセスが集まっても一切報酬は発生しませんでした。
　そんな時に活路を見出せたのがクリック報酬型広告です（222ページ参照）。このクリック報酬型広告は、訪問者が広告をクリックだけで、報酬が発生するので、アクセス数が多ければ、比較的簡単に、利益を出せます。このようにテーマ選定で失敗して、広告がなくても、クリック報酬型の広告にするなどのように、広告媒体を探すことで、収益を生み出すことも可能です。
　ただし、クリック報酬型広告をサイトに掲載するだけで、収益が得られるのかというと、そういうわけではありません。サイト内での広告の配置や、色使いなどでも、大きくクリックされる率が変わってくるので、クリック率を増加させる工夫をする必要があります。

実際、私も、広告をサイト内に自然に溶け込ませる方法、逆に目立たせる方法など、色々試してみましたが、私の場合は、自然に溶け込ませた方が、クリック率は上がりました。溶け込ませると言ってもフォントサイズを変えるとかではなく、サイトと広告の背景色を同じ色にするくらいですが。

　また、広告を配置する場所は、読み物の上と下の両方に貼り付ける方法に落ち着いています。これはあくまでも私のサイトの場合での結果であり、サイトのジャンルによって変わってきますので、色々試してみることが重要だと思います。

　なお、広告を掲載するのはアクセスが集まってからでも遅くありません。というのも、ネットビジネスをしようと思っていない人は、広告を見るだけで、相互リンクをしてくれない場合が多いためです。広告を掲載していないと印象がいいので、相互リンクを承諾してくれる可能性が高くなります。クリック報酬型広告は、まとまったアクセスがないと収入に結び付かないので、焦ることはなく長い目で見て、アクセスが集まってから広告を掲載する方がいいと思います。

壮大すぎるテーマ、ターゲット設定の失敗！

　かつて「お金儲け」という壮大なテーマで、しかも、特にターゲットも考えずに作成したサイトがありましたが、あまりにターゲットを広く取りすぎていたため、ほとんどアクセス数はありませんでした。

　そこで、「投資」に該当するコンテンツだけを抜き取って、ターゲットを絞って、「お金を増やそう！」(http://getgapo.fc2web.com/)として再出発したところ、Yahoo! JAPANのカテゴリ(しかも難易度が高いところ)にも登録されましたし、携帯サイトの執筆依頼がくるという感じで、定番サイトになることができました。また、安定して、アフィリエイト収入もあります。テーマが壮大すぎたり、ターゲットが広すぎたりした場合は、「限定」することで成功に持っていくことができるようです(逆もあります)。

2-15 実際のWebサイトで使っている手法を暴露

実例から学ぼう

　最後に、「待ち受け型」で成功しているサイトの「実例」を紹介します。

　ここで紹介しているサイトは既に多くの人に認知されているので、そのまま真似ても確実に失敗しますが、「なぜ、成功したのか」という理由がわかると、オリジナルのサイトを作るときの参考になります。

　そこで、今まで説明してきたノウハウが、実際に、どのように使われているのかを中心に読んでみましょう。

実例①「週末は男のこだわりカレー」

　「普遍的なテーマ」を意識して「カレー」を選びました。人間の味覚はそうそう変化するものではないので、しっかり作り込めば、長期に渡って活躍できるサイトになると思ったためです。

　ただ、「カレーのレシピ紹介」だと誰でも作成できるために、普通に作ると、他のサイトの中に埋もれてしまいます。そこで、まずは、市販のルーを使用せずスパイスから作るレシピにこだわりました。

　また、実際に作っていく過程をデジカメに撮って公開してく手法にこだわりました。特に、デジタルカメラで撮影することは「正直いちいちデジカメに撮りながらの調理は面倒で、単にレシピを紹介するだけにすれば、1日に5ページは作れるのでは」と思う人もいるかもしれませんが、そこが他のサイトとの線引きになるのだと考えています。

　さらに、「カレーの雑学」の部分は、話し口調で管理人のキャラクターを出すことを心がけています。レシピでキャラクターを表現するのは難しいですし、この部分で親近感を持ってもらえると思っています。

　結果、いろんなサイトや雑誌で紹介していただき、色々なサイトで紹介してもらって、被リンク数が伸びて、人気サイトになっています。

実例②「Get you!! English!! わかりやすい英文法」

「英語」は普遍的なテーマですし、私自身、「英文法をわかりやすく教えることができる独自のノウハウ」があったので、「英文法」をテーマにすることにしました。

ただ、英文法と言えば、競争が激しいことで有名です。実際、本屋に行っても色々な参考書がありますし、ネットでも星の数ほど多数のサイトがあります。その内容も、中・上級者向けだと「TOEICの復習の時に、効率的にポイントだけを復習できる本」「英文法のあらゆる項目を網羅した本」など、充実していて、ほとんど隙がないように感じます。

しかし、なぜか、「英語が苦手な人」をターゲットにした英文法だけは、私が学生の頃からずっと「同じような内容、解説方法」で、あまりいいものはないように感じます（後から知ったのですが、英語が苦手な人向きのものは、ビジネス的に採算が取れないために、出版社は、あまり積極的に参入していないそうです）。

そこで、「英語が苦手な人」をターゲットに、サイトを作成することにしました（実際は妻が作成しました）。また、徹底的に「読者の満足度」を高めるために「どこがわかりにくいのか（具体的に、どのレッスンのどの部分がわかりにくいのか）」を追求したり、「講義風の親しみやすい口調」で、独自性を出したりしました。

結果、著者が作成したCD-ROMも飛ぶように売れて、最終的には、サイトが『基本にカエル英語の本～英文法入門編レベル1～レベル3』（スリーエーネットワーク）という書籍になりました。また、サイトは作成してから、ほとんど新しい内容を加えていないのですが、未だに、安定したアクセス数があります。

実例③「お金を増やそう！初心者の為の資産運用」

「お金儲け」という壮大なテーマのサイトから、「資産運用（投資）」の部分を切り離したものの、依然、ターゲットは絞られていませんでした。

個人では、「リアルタイム情報・ニュース」のような「中・上級者が参考にするようなコンテンツ」を用意するのは難しいですし、私自身「わかりやすく解説すること」が得意なので、「初心者」をターゲットに、徹底的に「わかりやすく」、時には「図」を使って、投資を解説したサイトに作り直すことにしたのですが、同じような趣旨の初心者向けの投資サイトはすでにたくさんあったためか、なかなか軌道に乗りませんでした。

　軌道に乗ったキッカケは、相手を選んだ「相互リンク」と「Yahoo! JAPANのカテゴリ登録」です。結果、首都圏では有名な無料の雑誌で紹介されたり、金額は「追跡型」には負けますが、安定したアフィリエイト収入があったりしています。また、このサイトをキッカケに、KDDIの公式サイトの「攻略!!資産UPの秘訣」(http://s-kinyuu.com/)を執筆することになりました。

第 3 章

追跡型

3-1
成功するための3つのタイプ
～追跡型

追跡型とは？

　車を買うつもりがない人に、どんなにいい車を薦めても買ってくれません。また、車を買おうと思っている人でも、どこの誰が作ったのかわからないような怪しい車は買ってくれません。つまり、モノを売る時は、「購入しようと思っている人」を見つけて、「信頼がある商品」を販売するのが一番効率的と言えます。

　そこで、有名企業の商品など「売れやすい商品」を、「商品を買おうと思っている人」に売るためにWebサイトを作成していくのが追跡型です。具体的には、有名企業の商品など売れやすい商品の広告を載せたWebサイトを作成して、「その商品を買おうと思っている人」に売るのです。

　でも、どうやって、「その商品を買おうと思っている」人を見つければいいのでしょうか？

　それが、検索エンジンです。

キーワードは読者の購買心理を表している！

　例えば「初心者でもできるブログのSEO本を買いたいと思っている人」は、「初心者＋ブログSEO本」という感じで検索をかけます。つまり、購買意欲の高い人は、検索エンジンで検索しているので、購買意欲の高い人が使いそうなキーワードで、信用がある商品を掲載したページを上位表示させればいいのです。上記の例で言えば、「初心者でもできるブログのSEO本」を掲載したページを作って、「初心者＋ブログSEO本」というキーワードで上位表示させればいいわけです。

　このように、Webサイトをお目当てのキーワードで上位表示させるのが「SEO」です。

このように追跡型は、売れやすいものを選んで、SEOで、購入意欲が高い人を見つけて、その人に売るというスタイルになっています。

追跡型は意外にシンプル

追跡型の実例を見てみましょう。55ページで紹介した「待ち受け型」に比べて、シンプルなのがわかると思います。また、商品の紹介ばかりで、「本当にこんなサイトで収入が得られるの？」と疑問に思う人もいるかもしれません。

しかし、追跡型は、「買いたいと思っている人」を見つけることに力を注いでいるので（SEOなどの集客）、シンプルな作りになっていることが多いのです。もっと言うなら、追跡型は、購入意欲の高い人を集めるために、どのようなキーワードで上位表示させて、どの商品を販売するのかというところが綿密に考えられているので、シンプルな作りですが、稼げるわけです。

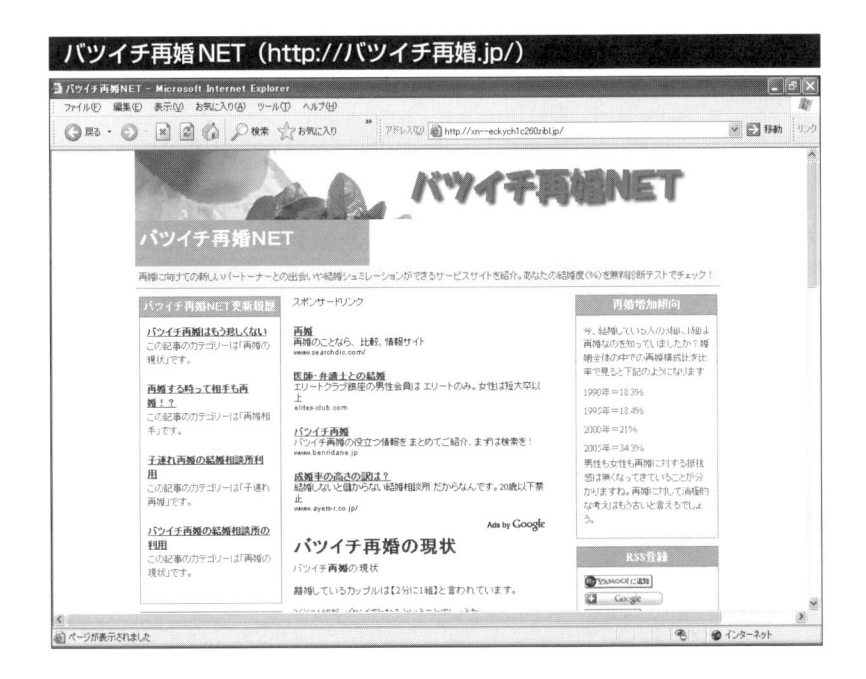

バツイチ再婚NET（http://バツイチ再婚.jp/）

追跡型のメリット

追跡型は、慣れれば、2、3日もあれば、作成できますし、待ち受け型のように、サイトを作る前に、綿密に企画を立てる必要はありません。また、売れる商材と稼げるキーワードを見つけて、SEOの競争に打ち勝つことができれば、驚くほど、商品が売れていくので、「莫大」な報酬を得ることができます。つまり、費用対効果で言うと、待ち受け型よりもいいことが多いのです。

実際、月収数百万円稼いでいるアフィリエイターは、この追跡型が多いように感じます。

追跡型のデメリット

追跡型のデメリットは、基本的なSEOの知識を身に付けた後、継続して最新のSEOの情報を得る必要があるということです。基本的なSEOの知識は、著者の1人の石崎が執筆している『初心者でもできる！繁盛ブログになれるSEO入門』（秀和システム）や本書を読んで、実際にWebサイトを運営すれば、身に付きますが、最新のSEOの情報は、その時々で使えるWebサイトは変わるので、自分で探す必要があります。

他にもデメリットがあります。

例えば「エアコン　空気清浄　購入」のようなキーワードで検索をかける人は、空気清浄の機能があるエアコンを購入しようと考えていると推測できます。そこで、空気清浄の機能があるエアコン（ただしノーブランド）を掲載したページを作成して、このキーワードで上位表示させても、思うほど売れないことがあります。つまり、販売力のある商品・サービスでないと、労力をかけて、上位表示しても売れにくいのです。

つまり、追跡型は、待ち受け型のように「サイトに信用を持たせて、商品の信用度をアップさせる」こともできなければ、セールス型のように「即、買わせること」もできないので、「売れる見込みがある商品」

「少し売るだけでも、莫大な収入に繋がる高報酬の商品」しか扱いにくいというデメリットがあります（ノーブランドの商品などのように販売力・信用がない商品は、待ち受け型やセールス型の方が向いています）。

　また、SEOの競争に勝てなければ、商品は売れないので、必要最小限のSEOの知識が必要ですし、競争に勝てていても、強力なライバルが出現したり、検索エンジンのアルゴリズム（考え方）が変わったりして競争に負ければ、ある日、いきなり商品が売れなくなることもあります。実際、月収数百万円、数十万円のアフィリエイターが、ある日、突然、月収数万円になったという話を聞くことがあります。

COLUMN　SEOの基礎知識を身に付けるには

　追跡型は、SEOの知識が必須です。
　本書でも、SEOの基礎も解説していますが、重要な事項に絞って解説しているので、初心者にはわかりにくいかもしれません。そこで、SEOの基礎知識がない場合は、執筆者の1人である石崎が執筆している『初心者でもできる！繁盛ブログになれるSEO入門』（秀和システム）をご覧になってください。初心者にわかりやすくSEOの基礎を解説しています。

3-2

追跡型の戦略

追跡型の戦略

　追跡型は、売れる商品を見つけて、その商品を購入しようと思っている人が使うであろうキーワードで、サイトを上位表示させます。そのため、具体的には「商材選び」「キーワード選び」「上位表示させるノウハウ」の3点が特に重要です。

　なお、この3点を押さえた後は、より収入（売上）をアップさせるために、「成約率を上げるためのノウハウ」も重要になります。

　つまり、この4点を押さえたWebサイトを作成する必要があるのです。

商材選び

　購入意欲が高い人を集めることができても、紹介する商品が悪ければ、ほとんど売れません。
つまり、商材選びが、一番はじめの関門になります（108ページ参照）。

　なお、徹底的に効率を重視するなら、高報酬・高利益率の商材を選ぶのも手です（109ページ参照）。

キーワード選びはスキルに応じて考える！

　どの商材にするのか決めた後は、どのようなキーワードで上位表示させるのかを決めなければなりませんが、このキーワード選びで失敗すると、収入（売上）は、ほとんど得られません。

　例えば、「ダイエットのサプリメント」を販売するために、「ダイエット」というキーワードで上位表示しようとした場合を考えてみます。一口に「ダイエット」と言っても、千差万別で、「運動して痩せたい」と思っている人もいますし、「顔痩せしたい」と思っている人もいます。したがって、例え「ダイエット」というキーワードで上位表示できても、

> 時給106万円！　ネットで儲ける3つの戦略

実は「ダイエット」というキーワードで検索をかける人の中に、サプリメントを購入したいと思う人は少なくて、思うほどサプリメントが売れないことがあります。つまり、「ダイエット」というキーワードは、サプリメントを求める人達だけが検索しているわけではないので、「ダイエット」というキーワードで検索エンジンの上位に表示されても、「アクセスはたくさん来るが、サプリメントはなかなか売れない」という現象が起きるのです。

また、「ダイエット」というキーワードで、上位表示できるかどうかは「ライバルサイトとの競争」で決まって、普通は、競争が激しくて上位表示できません。つまり、ダイエットというキーワードは、上位表示できないですし、例え、労力をかけて、上位表示できたとしても、その労力に見合うだけのおいしい目にはあうことができないと言えます。

というわけで、キーワードの選択は重要なのです。

上位表示させる工夫

例えば、「化粧品＋無添加」というキーワードで上位表示を狙っているサイトが100個あったとします。検索エンジンは、「化粧品＋無添加」というキーワードで、100個あるサイトに順位を付けて検索結果に出しますが、どのように順位付けしているのでしょうか？

実は、サイト内で、どのようにキーワードが使われているのか（内部要素）、他のサイトから、どのようにリンクが貼られているのか（外部要素）、その他の要素の3つを見て順位を決めています。

このうちもっとも重要なのが「外部要素」と言われています。つまり、被リンクを増加させれば、ある程度、競争率があるキーワードでも、上位表示できるようになります。

なお、本書では、競争が少なくて、かつ、稼げるキーワードを主体に考えているので、上位表示させるコツは、それほど重要視していません。よって、必要最小限、解説するにとどめています。上位表示するコツな

どSEOの基本を知りたい場合は、『初心者でもできる！繁盛ブログになれるSEO入門』（秀和システム）を参照してください。

なお、コストをかけることができるなら、即、効果が出るPPCもチャレンジしてみるのも手です。PPCだと上位表示の努力をしなくても、コストさえかければ、お目当てのキーワードで上位表示できるようになります（第4章180ページ参照）。

成約率をアップさせる！

「このキーワードだと、平均すると、1日100アクセス数くらいしか検索されていない」というデータがあるとします（キーワードアドバイスツールプラス、111ページ参照）。当然、こうしたキーワードで上位表示させても、検索エンジンから1日1万アクセス数稼ぐことは不可能です。言い換えると、上位表示できたとしても、ある程度のアクセス数を確保した後は、それ以上にアクセス数を増加させるのは、容易なことではないのです。

そういう場合は、例えば1日100アクセス数で「1日1件」成約から「1日10件成約」に変えるように「成約率」を上げることで、全体の売上を押し上げましょう。

具体的には、単なる商品の紹介だけではなくて、比較したり、レビューを書いたりして成約率を上げることを目指しましょう（130ページ参照）。

追跡型の戦略

```
販売する商品を考える
      ↓
   キーワード選定
      ↓
    ページを作る
      ↓
 作ったページを上位表示
      ↓
成約率が上がるようにページを改良！
```

「商材選び」「キーワード選定」「上位表示」が重要になる！

3-3
導線を知ってWebサイトを作る

追跡型を作成してみよう！

　追跡型のWebサイトを作るのは簡単です。売りたい商品を紹介したページを作っていくだけです。もし、基本的な作成方法がわからない場合は、著者の1人である石崎が執筆している『人とお金が集まるブログ作りの秘伝書』（シーアンドアール研究所）を読むといいでしょう。

　ただし、商品を紹介した記事（個別ページ）を作る時に注意を払う必要があります。具体的には、2つのことに注意しましょう。

　まず1つ目は、個別ページ1ページ当たり、1つの商品しか紹介しないようにすることです。つまり、例えば、ファンデーションを掲載している個別ページに5つの商品を紹介するのではなく、1つの商品を紹介した5つの個別ページを作成して、さらにもう1つ5つの個別ページをまとめたファンデーションの個別ページを作っていくようにする感じです。

　2つ目は、上位表示を目指すキーワードは、個別ページ1ページ当たり、1、2個にすることです。1つの個別ページに1つの商品しか紹介しないことで、それぞれの商品名のキーワードが強調され、商品名の検索で引っかかりやすくなります。

　商品を購入する訪問者は、商品名で検索する可能性が高いので、商品名で検索に引っかかるようになると商品が売れやすくなります。また、あまりにキーワードを詰め込みすぎると、狙っているキーワードで上位表示できなくなります。

なぜ個別ページに注意するのか？

　でも、なぜ、トップページだけではなくて、個別ページにも注意を払う必要があるのでしょうか？

実は、トップページよりも個別ページの方が検索にかかっていることが多く、検索している人も、個別ページしか読まないことが多いためです。つまり、一番のメインであるトップページを見ずに、色々なサイトの個別ページ同士を比較している人が多いのです。

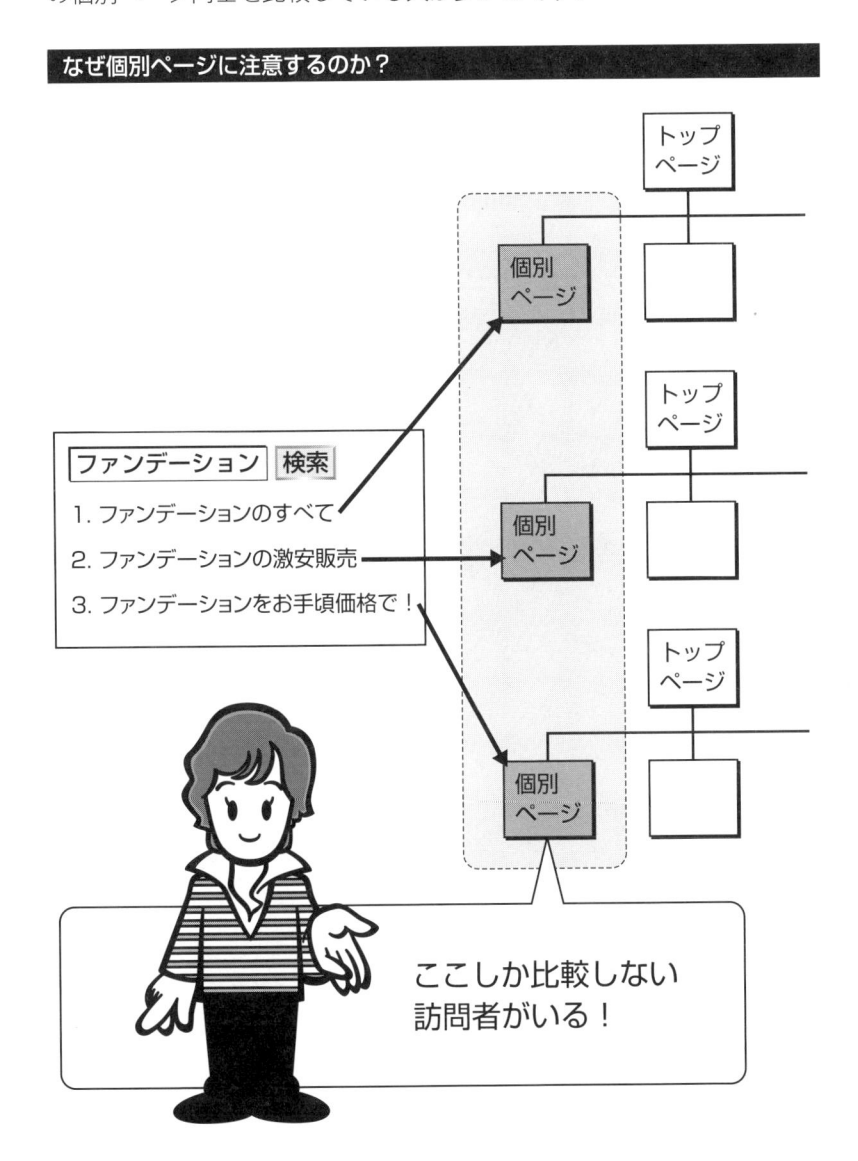

なぜ個別ページに注意するのか？

| ファンデーション | 検索 |

1. ファンデーションのすべて
2. ファンデーションの激安販売
3. ファンデーションをお手頃価格で！

個別ページ
個別ページ
個別ページ
トップページ
トップページ
トップページ

ここしか比較しない訪問者がいる！

3-4 どのような商品を選ぶべきか

商品・サービスの力が重要

　販売しようと思っている商品・サービスが、魅力的なものかどうかを検証することが重要ですが、現実問題、全部を検証するわけにはいきません。そこで、以下の条件を満たす商品・サービスを紹介するといいでしょう。

昔から広告を出している実績のある企業の商品・サービスを選ぶ

　通常、商品・サービスが売れないのであれば、企業は撤退します。昔から広告を出している実績のある企業の商品・サービスは固定客がいて、売れるから広告を出し続けたり、販売し続けたりすると予測できるので、このような企業の広告は、成果が出やすい傾向があります。

多くの企業が広告を出稿しているジャンルの商品を選ぶ

　多くの企業が参入しているということは、「売れやすいので、多くの企業が参入している」とも考えられます。というわけで、多くの企業が広告を出稿しているうジャンルの商品・サービスは成果が出やすい傾向があります。

ネットでしか購入できない商品・サービス

　ネットでしか購入できない商品・サービスは、当然ながらネットしか購入手段がないので、比較的簡単に成果に繋がります。というわけで、例えば近所に売ってなさそうなマニアックな雑誌や、グッツ、ダイエット器具などがいいでしょう。

　特にマニアックというのはインターネットならではの狙いどころです。マニアックな商品は、実店舗だとなかなか売れないので入荷できま

せんが、インターネットには全国のマニアが集まる可能性があります。

流行している商品・サービス

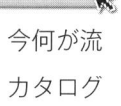

　流行している商品・サービスも売れやすい傾向があります。今何が流行っていて、何が売れやすいのかを見極めるには、通販番組、カタログ商品、ライバルサイト、クチコミサイトのお勧め商品をチェックするといいでしょう。

ウォンツよりニーズ商品を！

　ウォンツ商品とは「そろそろ新しい携帯電話が欲しいな～」という今現在、必要性はそんなにないけど気になる商品です。それに対してニーズ商品とは「週末のデートまでに絶対ににきびを治したい！」という今すぐにでもその問題を解決したい商品のことを言います。

　ウォンツよりニーズ商品を選ぶようにしましょう。緊急性のあるもの、悩みの深いもの、必要性の強いものは売れやすいです。

高報酬・高利益率の商品を狙う！

　徹底的に効率を重視するなら、高報酬・高利益率の商材を選ぶのも手です。

　というのも、通常、現実社会の店舗だと、高報酬・高利益率の商材は、ほとんど売れなくて、扱いにくいですが、インターネットでは世界の人を相手に商売ができるために、意外に数をこなせることがあるためです。もともと高報酬・高利益率なので、思うほど売れなくても、莫大な利益を得ることができます。

　なお、例えば「布団」のように、1つの商品の報酬・利益が悪くても、同じお客が「布団カバー」「枕」「枕カバー」「掛け布団」「ベッド」などを購入する可能性があるような「連れ売りする商品」は、結果的に高報酬に繋がるので、お勧めです。

3-5

キーワード選びの基本

はじめのうちは、商品情報からキーワードを抜き出す

　慣れないうちは、商品とはまったく関係のない突拍子のないキーワードを選んでしまって、成果に繋がらないことが多々あります。

　そこで、はじめのうちは、まずは、商品に関する情報からキーワードを抜き出すようにしましょう。例えば、エアコンを販売する場合、エアコンには「空気清浄の機能」「自動クリーニング」などのような色々な機能がありますが、そこからキーワードを抜き出すような感じです。

　また、実際に、記事を書く時にも、本文に、商品情報から、例えば、どのような効果が期待できるのか、なぜ、それが効果あると言われるようになったのか（由来）、発見された時のエピソードなどの情報などを盛り込んでいくといいでしょう。自然に重要なキーワードが含まれていきます。

連想する

　ただ、商品情報からだけだと「抜き出せるキーワードに限界」があるので、連想していけばいいでしょう。

　具体的に、FX（外国為替証拠金取引）を例に考えてみます。近年、「FXで、莫大に儲けて、脱税した主婦」などのニュースを聞くようになりましたが、それを例にとって、イメージを膨らましていきます（図の例①）。

　また、FXをはじめて聞いた人は、おそらく、どこで取引できるのか悩んでいるのかもしれません。そこで、はじめてFXをする人の立場に立って、キーワードを連想してみます（図の例②）。

　このように、1つのキーワードを元に、想像、イメージできる事柄を結び付けていけば、キーワードを見つけることができます。

連想する

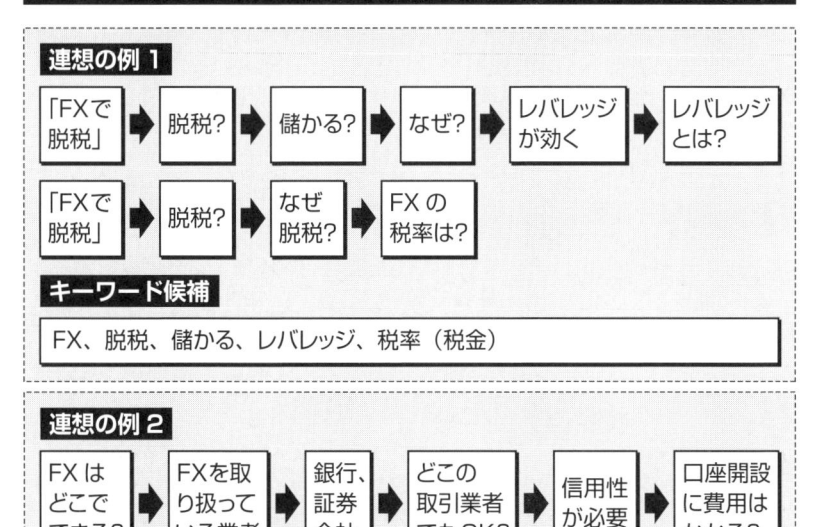

連想の例1

「FXで脱税」 → 脱税? → 儲かる? → なぜ? → レバレッジが効く → レバレッジとは?

「FXで脱税」 → 脱税? → なぜ脱税? → FXの税率は?

キーワード候補
FX、脱税、儲かる、レバレッジ、税率（税金）

連想の例2

FXはどこでできる? → FXを取り扱っている業者 → 銀行、証券会社 → どこの取引業者でもOK? → 信用性が必要 → 口座開設に費用はかかる?

キーワード候補
FX、業者、銀行、証券会社、取引、信用性、口座開設、費用

キーワード選びの基本

　苦労してキーワードを決めても、実際は、誰も検索していないということもあります。そこで、キーワードを探した後は、キーワードアドバイスツールを使うようにしましょう。調べたいキーワードで検索すると、そのキーワードが月間どのくらい検索されているのか「月間検索回数」がわかります。

> キーワードアドバイスツールプラス
> http://www.muryoutouroku.com/free/keyplus1.html

　ただし、キーワードアドバイスツールは、2007年4月度からデータ更新がされていません。

月間検索回数がすべてではない！

　ただし、月間検索回数は、あくまで「目安」にとどめておく方が無難です。

　というのも、「月間検索回数＝欲しい人の数」ではないですし、アフィリエイターやSEO会社など「販売する側」が調査のために検索した回数も含まれるので、月間検索回数は多く表示されがちになるためです。つまり、月間検索回数の数字だけでキーワードを選ぶと、「アクセスはあっても商品が売れない」ということが起きる可能性がありますし、穿って考えると、ライバルサイトを混乱させるために、意図を持って、あるキーワードの検索回数を多く表示させるなどのようなことも考えられるのです。

　このような不確かな月間検索回数を基準としてキーワードを決めるのではなく、あくまで「参考」にとどめて、自分で「キーワード」を決める必要があります。

　というわけで、キーワード選びに慣れてくれば、「稼げるキーワード」を考えるようにしましょう。

3-6

お客様の心理を読んだ「キーワード」が稼げるキーワード!

アクセスが、そのまま成約に繋がる「売れる」キーワードとは?

　同じ「コーヒー」を購入する人でも、「何となく、コーヒーを飲みたいと思っている人」「甘くないアイスコーヒーを飲みたいと思っている人」「ズバリ、××社の商品Aが欲しい」と思っている人など色々います。

　このような中で、一番売りやすいのは「ズバリ、××社の商品Aが欲しい」と思っている人です。というのも、例えば商品Aそのものズバリを紹介すれば、高確率で買ってくれるためです。つまり、「購入する商品のイメージが具体的な人ほど」売りやすいということです。

　キーワードでも同じことが言えます。もっとも売りやすいキーワードは、例えば、「商品名」「型番」「企業名」などのような「どのような商品・サービスなのか、具体的なイメージが沸くキーワード」です。このようなキーワードは、アクセスがそのまま成約に繋がるくらい売れやすい傾向があります。

　そこで、利用者の「目的」や「意図」からキーワードを推測して、稼げるキーワードを見つけるといいでしょう（115ページ参照）。

　ただし、たいていの場合は、商品名、型番、企業名などで検索をかける人の数は少ないので、上位表示させても、アクセス数がほとんどないことがあります。あるいは、アクセス数が多くて、しかも売れやすいキーワードがあったとしても、競争が激しくて上位表示できなかったりします。そのため、他のキーワードにも注目する必要があります。

　そこで、「競争率を回避するキーワード」を考えるといいでしょう。

競争率を回避するキーワード

　上記の例で言うと、「何となく、コーヒーを飲みたいと思っている人」「甘くないアイスコーヒーを飲みたいと思っている人」も、迷いながら

も、結局、コーヒーを買う可能性があるので、これらの層にも販売したいところです。そこで、これらの層が使うキーワードを考えたいところですが、そもそも抽象的に何か欲しいと思っていることもあって、どのようなキーワードを使って検索するのか、なかなか思いつかないものです。

そういう場合は、時間軸からキーワードを探し出すコツを身に付けるといいでしょう（117ページ参照）。

より高度なキーワードの選び方

1人の力には限りがあります。自分だけで「稼げるキーワード」を考えていても、範囲も限定されてしまうので、他の人の力を借りましょう。

具体的には、他の人が使っているキーワードのうち、「稼げそうなキーワードを抜き出す」ことをお勧めします（119ページ参照）。

キーワードの選び方

購入意欲が非常に高い	利用者の目的や意図を推測する（115ページ）
・具体的だが検索数が少ないキーワード　・検索数が多いが競争が激しいキーワード	

↓

購入意欲が高い	時間軸や属性からキーワードを考える（117ページ）
例えば、パソコンを買うつもりだが、機種は決まっていない人が使うキーワード	

↓

購入するつもりがない	ターゲットにしない

3-7 稼げるキーワードは「目的」や「意図」を推測

稼げるキーワードは「目的」や「意図」を推測

　インターネットで検索する目的の多くは、悩みを解決したいことにあります。つまり、多くの人が、悩みを解決しようと、自分の悩みをキーワードに置き換えて、検索エンジンで情報を探しているのです（例1参照）。

　しかも、その悩みが深ければ深いほど、また緊急性があればあるほど、「固有名詞」「地名」「人物名」などの「特定性があるキーワード」や「複合語（2語以上のキーワードの組み合わせ）」で、検索する傾向があります（例2参照）。

　つまり、悩みが深い人ほど、どのような商品・サービスを購入するのか、具体的なイメージが固まっている場合が多いので、上記のような悩みから考えたキーワードだと、即、成約に繋がる可能性が高いということです。

　インターネットで検索する利用者が、どのような問題や悩みを解決したいと思っているかを考えて、その人達がどのようなキーワードで検索するかを考えて選ぶようにしましょう。

検索の例

例1　悩みを解決しようと、自分の悩みをキーワードに置き換えて検索

- 家を買いたいけどお金を借りられるのだろうか？ ▶ 住宅ローン＋審査
- ダイエットで痩せる方法は？ ▶ ダイエット＋痩せる方法
- 19インチの液晶モニターで安いのが欲しい ▶ 液晶モニター＋19インチ＋激安

例2　悩みが深い場合

- 固有名詞 ＝ 例： 日産＋GT-R＋見積もり 、 パソコン品番＋価格
- 地　　名 ＝ 例： エステサロン＋新宿 、 結婚相談所＋大阪
- 人　　名 ＝ 例： 芸能人名＋写真集 、 歌手名＋廃盤レコード

複合語の探し方

　特定性が高いキーワードは思いつくと思いますが、「複合語」は、具体的に、どのようにして探せばいいのでしょうか？

　複合語を探す方法として、もっとも簡単な方法は、検索エンジンを利用した時に表示される「よく検索される関連用語」を見るといいでしょう。これらの複合キーワードは、実際に検索エンジン利用者が使ったリアルな複合キーワードが表示されるので、稼げるキーワードもたくさん出現します。

　これらの複合キーワードを参考にして、より悩みの深い緊急性のあるキーワードを見つけ出しましょう。

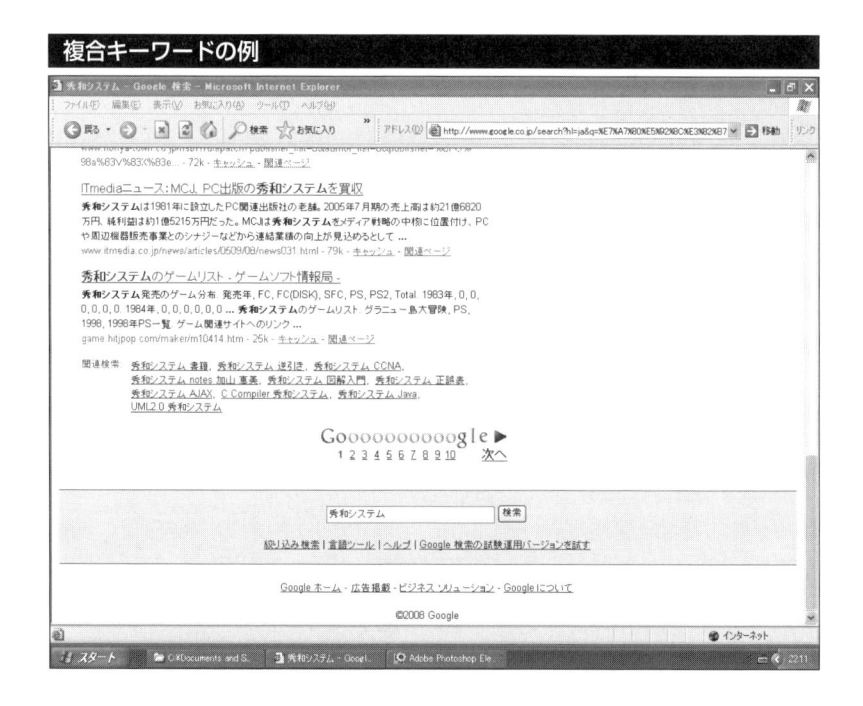

複合キーワードの例

3-8
「時間軸」「属性」からキーワードを考える

時間軸からキーワードを考える

　時間軸とは「BEFORE（前）➡NOW（今）➡AFTER（後）」のことですが、キーワードは、時間軸のどこを基準にするかで、選ぶべきものが変わります。

　例えば、「ダイエット」というキーワードを例に考えてみましょう。この「ダイエット」というキーワードに時間軸を持たせると次ページの図のようになります。つまり、キーワードは、時間の経緯によって、ターゲットが変わってくるのです。そして、ターゲットによって、狙うキーワードは異なります。

　例えば、これからダイエットをはじめようとしている人（BEFORE）には、「多くのダイエット方法の中からどのダイエット方法の人気があるのか」という情報が魅力的なので、例えば「ダイエット＋入門」「ダイエット＋簡単」「ダイエット＋人気ランキング」のようなキーワードを選ぶといいでしょう。

　ダイエットを現在進行でしている人は、「他の人がダイエットを頑張っている体験談・クチコミ情報などで自分の体験と比較」に興味を持つ可能性が高いので、そうしたターゲットに向けては例えば「ダイエット＋日記」「ダイエット＋体験談」のようなキーワードを選ぶといいでしょう。

　ダイエットに失敗した人には、「今度は違うダイエット方法や成功体験談」を提示してあげれば喜ばれると想像できるので、例えば「ダイエット＋効果」「ダイエット＋成功」「失敗しないダイエット法」のようなキーワードを選ぶといいでしょう。

　このように、キーワードに時間軸を持たせることで、どのターゲットを狙うべきなのかが、より鮮明にわかるようになります。それぞれのターゲットに対して、アプローチを変えてキーワードを設定するといいでしょう。

ダイエットの時間軸

- **BEFORE**: まだダイエットする前の状態でこれからダイエットしようとう人です。たくさんのダイエット方法の中から自分に適した方法を探しています。

- **NOW**: 現在何らかのダイエットをしている人です。自分のダイエット方法が合っているのかなど不安に思ったりします。

- **AFTER**: ダイエットに成功もしくは失敗した人のことです。ダイエットに成功したならば、その成功談を誰かに自慢したい、失敗したならば違うダイエット方法を探したいと思っています。

属性からキーワードを考える

「性別」「年齢」「職業」などの属性（71ページ参照）からも、キーワードを考えることができます。例えば、「女性」「20代、30代」の女性をターゲットにしたダイエットサイトだと、「産後」「ダイエット」というキーワードを選ぶのも手です。

なお、「年齢」「性別」でどのような商品が人気なのかを知りたいのならば楽天ランキング市場（http://event.rakuten.co.jp/ranking/）をチェックしましょう。どの商品がどの年齢層や性別に人気があるのかが一目でわかりますので、参考になります。

3-9

より高度なキーワードの選び方

失敗しやすいキーワードの選び方

　キーワードを探す時に、自分の知っている範囲や興味のあることで調べると、探索する範囲が限られてしまい、結果としてお宝キーワードに巡り合う機会も減ってしまいます。そこで、自分の知っていることや興味のあること以外にもキーワードを探すようにしましょう。

　具体的には、クチコミ情報を見るといいでしょう。

クチコミ情報から探す

　インターネットには、稼げるキーワードがゴロゴロと転がっている場所があります。それは、教えて！goo（http://oshiete.goo.ne.jp/）、Yahoo! 知恵袋（http://chiebukuro.yahoo.co.jp/）、楽天ランキング市場（http://event.rakuten.co.jp/ranking/）、Amazon（http://www.amazon.co.jp/）のカスタマーレビューなどのような利用者の「クチコミ・評価」などが掲載されているクチコミサイトです。

　というのも、これらのサイトには、購入を迷っている人が、どういう情報を知りたがっているのか、実際に商品・サービスを利用した人が、どういう意見や評価をしているのかなどの情報がリアルに公開されているためです。それらの意見を読むと、自分だけでは知り得ななかった表現や単語がたくさん出てくるはずです。それが「お宝キーワード」なのです。

　例えば、キャッシングのサイトを作りたければ、教えて！goo にて、「ローン＋返済」と検索してみてください。ローンの返済に困っている人や、ローン返済の情報を求めている人が質問を投稿し、それに対する回答が集まっているページを見つけることができると思います。それらを1つ1つしっかりと読めば、困っている人がどんなキーワードで質問

をしているのかがわかります。そのキーワードこそお宝キーワードなのです。

　つまり、クチコミサイトを利用することで、自分の力だけでは選定できなかったキーワードの発見ができるのです。また、質問に対する回答も読めば、サイト作成の参考にもなるので、一石二鳥と言えます。

3-10
すぐに稼げるキーワード、成約率が高いキーワード

すぐ稼げるキーワードとは？

　例えば、有名人と結婚した相手の名前、あまり売れていない俳優の名前、知事選に立候補した変わった人の名前など、まだ世の中には、あまり広まっていないものを流行しそうなキーワードに使うと、今すぐ稼げる可能性があります。というのも、これらのキーワードは、競争相手がいないので、高確率で、上位表示されますし、無名だった人が有名になれば、一気に検索されて、莫大なアクセス数が得られるためです。

　というわけで、ちょっと人より早く情報を仕入れて、ネタになりそうだなと思ったら、そのキーワードを使って、ブログを作成すればいいでしょう。

　なお、今この瞬間、検索されているキーワードがわかるサイトもあります（下記）。

- 瞬ワード（http://www.nifty.com/search/shun/）
- Yahoo検索ランキング（http://searchranking.yahoo.co.jp/）
- gooランキング（http://ranking.goo.ne.jp/keyword/）

　このサイトのランキングに載っているキーワードで、検索しても情報がまったくない場合は、お宝キーワードになるかもしれないので、いち早く、ブログでそのキーワードを使った記事を作成するといいでしょう。

　ただ、このようなキーワードは、すぐ稼げる分、廃れるのも早いというデメリットもあるので注意が必要です。

成約率の高いキーワード

　稼げるキーワードの中でも、特に稼ぎやすいのは、「資料請求」「無料サンプル請求」「無料お試し」などのように、利用者が費用負担するこ

となく、商品・サービスを利用できるとイメージさせるキーワードを使った「複合語」です。例えば、「ダイエット商品＋無料サンプル請求」「エステサロン＋無料お試しキャンペーン」「住宅ローン＋資料請求」などがあります。これらのキーワードに関連した商品・サービスを利用しても、利用者の財布からお金が出ることはないので、「試してみて失敗しても損をしない」という気持ちが後押しして、成約率が高くなる傾向があるのです。

　利用者の負担が少ないものほど、成約率が高くなるので、そのようなキーワードを探し出してみましょう。

　なお、これらの成約率の高いキーワードをページの中の目立つところに配置しておけば、利用者はお金を払わずにお試しができ、サービス提供者は自社の製品・サービスを多くの利用者に試してもらえ、サイト製作者は紹介料として報酬を得ることができると、3者それぞれにメリットのある状況を生み出すことができます。

3-11

上位表示を目指すには、まずインデックス！

まずはインデックスさせよう！

　検索結果の順位は、検索エンジンのロボットが決めています。そこで、まずは検索エンジンのロボットに、作成したWebサイトを「見てもらって（クロールと言います）」「覚えてもらう（インデックスと言います）」必要があります。

　このうち、クロールさせることは簡単ですが、インデックスさせるのは難しい場合があります。サイトを作成して、クロールされても、検索エンジンにインデックスされていないと、インターネットの世界では存在していないのと同じなので、ぜひともインデックスさせるようにしましょう。

　では、具体的に、どのようにすれば検索エンジンにインデックスされるのでしょうか？　いくつか方法はありますが、ここでは代表的な方法を3つ紹介します。

検索エンジンへのサイト登録

　サイトを作成した後は、各検索エンジンが用意している「サイト登録の申請ができるページ」に登録するといいでしょう（下記）。

- Yahoo! サイト登録
  (http://submit.search.yahoo.co.jp/add/request)
- Google サイト登録
  (http://www.google.co.jp/addurl/?hl=ja&continue=/addurl)
- MSNのサイト登録
  (http://search.msn.co.jp/docs/submit.aspx)

　なお、無料で簡単に登録申請ができますが、時間がかかることが多い

ですし（通常約2～4週間）、確実にインデックスされるわけではありません。

また、最近では、サイトマップとロボットテキストを用意して、あとは被リンクをかければ、サイトの登録申請をする必要はないとも言われています。

サイトマップとロボットテキストの作成

サイトマップとは、サイトの全アドレスを一覧にしたものです。つまり、サイトマップを見れば、サイトに、どのような記事があるのか、わかるようになります。

ロボットテキストとは、検索エンジンのロボットに、サイトをクロールしてもいいかどうか許可を与えたり、サイトマップのアドレスを教えたりするためのものです。

サイトマップとロボットテキストを利用すると、更新したページや新しいページなどが、より早くインデックスされるようになります。

では、どのようにして、サイトマップとロボットテキストを作成すればいいのでしょうか？

無料ブログに関しては、サイトマップを自動で作成してくれるブログサービスもあるので、それを利用すればいいでしょう。

ただ、ホームページの場合は、自分で作成しなければなりません。そこで、羽根田氏による「サイトマップ、ロボットテキスト一括作成ツール（http://www.netkiwameru.com/rtool.html）」を使うといいでしょう。このツールを使えば、無料で、簡単に、ホームページ用のサイトマップとロボットテキストが作成できます。

サイトマップを登録しよう！

検索エンジンのロボットに、正確にインデックスさせるために、「Google ウェブマスターツール（https://www.google.com/webmasters/

sitemaps/)」と、「Yahoo! Site Explorer (http://siteexplorer.search.yahoo.com/)」を利用するといいでしょう。

　Googleウェブマスターツールは、アカウントを取得して、サイトを登録し、自分の運営するサイトであることを証明して、サイトマップを登録すると、正確にインデックスされるようになります。

　Yahoo! Site Explorerも、Googleウェブマスターツールと、操作手順は似ていますが、2008年2月時点では日本語版がないため、すべて英語での操作になります。

　なお、具体的な操作手順がわからない場合は、本書の購入者特典（7ページ参照）にあるアドレスから、「Google ウェブマスターツールとYahoo! Site Explorerでサイトマップを登録する方法」を請求するといいでしょう。

他のサイトからのリンク

　すでにインデックスされているサイトを運営しているなら、そのサイトからインデックスさせたいサイトへリンクを貼ったり、インデックスされているサイトと相互リンクしたりすると、短期間でインデックスされます。これが一番、効果的な方法と言えます。

　特に、Yahoo! JAPANにカテゴリ登録されているサイトには、高い頻度で検索エンジンのロボットがクロールしていて効果が高いので、カテゴリ登録されているサイトから新しく作成したサイトへリンクを貼るといいでしょう。

　また、ブログには、更新間隔の早いサイトに対応したロボット（フレッシュクローラー）がクロールすることが多いので、ブログなどを日々更新して、そこにリンクを掲載するのも手です。

3-12

被リンクで上位表示を目指す！

上位表示のコツは「被リンク」にある

　どの商品を販売するのか、どのキーワードで上位表示を目指すのかを考えて、実際にサイトを作成して、インデックスさせた後は、上位表示するように工夫しなければなりません。

　では、どのような工夫をすればいいのでしょうか？

　色々な方法がありますが、一番重要なのは「被リンク」を集めることです。つまり、他のサイトからリンクを貼ってもらうことが上位表示する上で重要と言えます。

　では、どのようにして被リンクを集めればいいのでしょうか？

追跡型の被リンクを集める方法

　追跡型のサイトは、商業サイトの色合いが強いために、相互リンクを承諾してくれないことが多いですし、相互リンクは相手があることなので、いつリンクを削除されるかわかりません。また、相互リンクできたと思っても、半年後、相手のサイトがなくなっていることもあります。実際、頑張って、約50サイトと相互リンクしたのに、半年後、リンクを削除されていたり、相手のサイトがなくなっていたりして、10サイトまで減っていたこともありました。

　しかし、相互リンクが被リンクを集める一番確実な方法なので、できるだけ相互リンクをするようにしましょう。

自前で被リンクを用意する！

　ある程度、相互リンクを集めれば、後は自前で被リンクを用意するのも手です。つまり、サイトを量産して、そのサイトからリンクを貼るのです。このようにすれば、確実に被リンクができますし、その被リンク

がなくなることもないのです。

　では、どのようにすれば、サイトを量産できるのでしょうか？　以下のサービスがお勧めです。以下のサービスの本来の利用方法とは外れてしまいますが、被リンクの確保という意味でも、使えるサービスです。

- 記事バンク
  (http://ブログ記事作成販売.jp/)
- クリックだけでサイトを量産できるツール
  (http://www.netkiwameru.com/tool.html)

　なお、量産したサイトにも、ある程度、被リンクを用意した方がいいでしょう。そのような場合は、オートコレクターを利用すればいいでしょう。

- オートコレクター (http://auto-collector.net/)

　一括で、中小様々な検索エンジンに登録できるので、被リンクとしての効果は少ないですが、量産サイトの被リンクとしては十分です。

3-13
上位Webサイトよりも集客する方法

検索エンジンは相対の世界

　SEOの結果、検索結果の順位が1位になったからと言って、無条件に集客できるようになるのかというとそういうわけでもありません。

　例えば、「ダイエット」というキーワードで検索した時、下記であった場合、どのサイトを見るでしょうか？

> 1位：ダイエット
> 2位：ダイエット！だいえっと！daietto！
> 3位：間違いだらけのダイエット法～クチコミ失敗談～

　3位のサイトに興味を持った人が多いのではないでしょうか。つまり、1位、2位のサイトを飛ばして、いきなり3位のサイトへ訪れる利用者もいるということです。

　このように、すべての人が1位のサイトから順番に見るわけではなく、第一印象で目に入る「タイトル」を見て、自分が求める情報が提供されているサイトかどうかを確認してから、実際にクリックしてサイトを見る人もいるので、いくら上位表示していても、欲しい情報がないと判断されてしまえば、素通りされてしまうケースも発生します。

　というわけで、検索結果で、上位表示させることは重要なことは変わりないですが、それに加えて、欲しい情報が一番詳しく書かれていそうなタイトルにすることも重要なのです。

具体的な方法

　魅力的なタイトルにしたいところですが、実際は、検索エンジン対策もしないといけないので、検索エンジンと訪問者の両方を意識した「タイトル」にする必要があります。

では、どのようにタイトルを付ければいいのでしょうか？

まずは、上位表示させたいキーワードで、実際に検索してみて、その検索結果を見てみることからはじめるといいでしょう。検索結果に並んでいるサイトの「タイトル」を見て、そこにない表現の「タイトル」を付けて、利用者の注意を引けば良いのです。

例えば、ダイエット関係のある商品名（仮に、商品名を「ヤセまくる蔵」とします）で検索した場合の検索結果は、以下のようになっています（2007年時点）。

1. ヤセまくる蔵＞顔痩せダイエット＞TOP
2.「ヤセまくる蔵」～顔痩せダイエット
3. ヤセまくる蔵（顔痩せダイエット）
4. ヤセまくる蔵　選りすぐり商品【株式会社A】
5.【お買い物市場】ヤセまくる蔵～顔痩せダイエット(株式会社B)

この検索結果だと、6位以降であっても「ヤセまくる蔵＋ダイエット＋失敗談」や「ヤセまくる蔵＋ダイエット＋激安購入法」などタイトルにすれば、上位表示されているサイトを通り過ぎて、自分のサイトに訪れてくれる利用者が多くなる可能性が高くなります。

3-14 成約率向上に向けてのアクションプラン

成約率を向上させるポイント

商売としてみると、1日1万アクセス数あって1件も申し込みがない状況よりも、1日10アクセス数でも1日10件の申し込みがある方が成功と言えます。つまり、成約率こそが、重要なのです。

というわけで、商材選び、キーワード選定、上位表示、すべてクリアーした後は、成約率を高める工夫をするといいでしょう。

では、具体的に、成約率を高めるために、何をすればいいのでしょうか？　下記の3つのことに注意すればいいでしょう。

購入を促す仕掛けを組み込む

「同じ商品なら、1円でも安い商品を買いたい」と思っている人は多いものです。そこで、色々な店の販売価格を比較することで、訪問者に「一番安い店を見つけた！」と納得させて、購入させることができます。

また、「実際に、その商品を使ってみて、どうだったのか」などの体験談があれば、説得力が増して成約率が伸びます。

このように「購入を促進する仕掛け」が重要になります（132ページ参照）。

ターゲット属性に合わせたサイト作りにする

女性向けの商品を販売しているのに、無骨なサイトだと、思うように売れません。高齢者向けの商品を販売しているのに、文字が小さなサイトだと、思うように売れません。

つまり、ターゲット属性に応じた、レイアウト・デザインやテーマ・コンテンツを作成することが重要です（137ページ参照）。

連れ売りする仕掛け作り

　成約率をアップさせるだけではなくて、1人の訪問者が複数の商品を買うように仕掛けることも重要です（139ページ参照）。というのも、1人の訪問者が複数の商品を買うと、結果的に、高報酬になるためです。

3-15

成約率を上げるための9個の方法

「比較」で一押しする

比較することで、成約率を上げることができます。具体的には、以下のような比較の方法があります。

● 価格比較

例えば、商品Ａを販売しているショップを、販売価格順に並べて、一覧表にしたり、色々なメーカーの32型の液晶テレビを、価格順に並べて一覧表にしたりして、「価格比較」するといいでしょう。

価格比較をすることで、「他のサイトで紹介されているショップで買った方が安いのでは？　他のサイトを見てみよう！」「同じ性能でもっと安い商品はないの？　他のサイトを見てみよう！」と思う訪問者も逃がすことはありません。

● 商品比較（性能比較）

誰しも、購入する時、本当に購入する価値があるのか「納得」したいものです。逆に、納得しないと購入してくれません。そこで、色々なメーカーの商品の性能を比較して説明するといいでしょう。

性能を比較することで、「このメーカーのエアコンは、こういう機能があるので、この価格なんだ！」のような「納得」ができるようになるので、訪問者は安心して購入できて、成約率アップに繋がります。

● 販売者の比較

販売業者によって、保障が付いているかどうか、対応の良し悪しなどが違うこともあります。そこで、販売者の比較をするといいでしょう。比較することで、訪問者は安心して購入できて、成約率アップに繋がります。

購入や資料請求などの体験談を掲載しよう

　商品情報（価格や性能など）や、なぜ購入する必要があるのかは理解できても、「本当に良いものなのか？　自分にとって必要なものなのか？」と迷って、最終的な決断ができない人もいます。そこで体験談を掲載するといいでしょう。実際に購入した人の体験談は、安心して購入できる１つの材料になりますし、どのような人に、この商品・サービスが必要・有益なのかも、暗にアピールすることもできます。

　なお、体験談を書く方法として２つの方法があります。

　１つ目は、購入者にアンケートに協力してもらう方法です。魅力的なプレゼントを用意すれば、簡単に体験談が集まります。

　ただし、お客の顔写真があるのとないのでは情報の信憑性が随分と違ってきて、顔写真のない体験談は「お店の人が書いているのではないか？」と思う人も少なからずいます。そのため、顔写真が使用できるのであれば、ぜひ使用したいところです。顔写真を使用させていただいた方にはキャッシュバックという案もいいかもしれません。

　もう一つの方法は、実際に自分が購入して体験してみることです。手間がかかり、遠回りのようですが、これが一番手っ取り早い方法かもしれません。

購入率をアップさせるランキング

　どの商品を購入しようか迷っている時に、従業員の「これ最近売れています」「一番人気です」などの言葉で購入を決断したことのある人は多いのではないでしょうか？　「多くの人が購入しているのであれば間違いないはず」という心理が、どの商品を購入するかの最後の一押しになります（特に日本人はランキングに弱いのだそうです）。

　ネットでもこのランキングをうまく使いこなしましょう。ランキングだけでなく、なぜ一番人気なのか、なぜ２番目に人気があるのか、自分なりに原因を研究し提示することにより、さらに売上は倍増します。

心配事は事前に解消してあげる

　購入しようか迷っている訪問者の心配事を取り除くことで、訪問者を安心させ、申し込みまでの垣根を低くすることもできます。

　具体的に、「マウスコンピューターファン（http://mouse-pc.com/）」での事例を1つ紹介します。このサイトのトップページをは、縦3列構成になっています。右の列の中ほどに「データと設定の引越し手順」と「バックアップのススメ」というコーナーがあります。ここが心配を解消させるためのコンテンツです。

　つまり、パソコンを買い換えようかなと考えている人が、踏ん切りの付かない理由として、「インターネットやメールの設定をしなければならない」「デジカメやワード、エクセルなどのデータの移動が面倒だ」「もし失敗してデータが消えたらどうしよう」などがあると考え、そこの部分を解消すれば、安心してパソコンの購入を検討してもらえるのではないかと考えたわけです。予想は的中し、この読み物がない時と比べるとはるかに購入率は高まりました。

メリットばかりを全面に出さない

　どのような商品・サービスでも、必ずデメリットはあります。メリットばかりを前面に出しては、訪問者は警戒するので、しっかりと、デメリットも書いて信頼性を増すようにしましょう。

　デメリットとして書くことに抵抗があれば、「このような人には、この商品は合わない」という形で理由を書くのもいいと思います。

　なお、テクニックとしてはメリットをデメリットのように書くこともできます。例えば「このパソコンは便利な機能がたくさんありすぎて、初心者の方には慣れるまですべての機能を使いこなせないかもしれない」という言い方は、裏を返せば「このパソコンは慣れれば便利な機能をたくさん活用することができる」ということです。デメリットの様に書くことによって、「このショップは売りたいだけではなく、本当に客

の立場になって話をしている」と印象がよくなります。

なお、割合的には10個メリットがあれば、そのうち2個は、このような言い回しに変える方がいいと思います。

メリットを書く時は「セット」で

例えば「このパソコンのマウスは使いやすいですよ！」とアピールしても、「どこが普通のマウスと比べて使いやすいの？」と思うのではないでしょうか。

そこで、メリットを書く時は、必ずセットで「理由付け」をしましょう。上記の例で言うと、「このマウスは光学式なので光でマウスの動きを察知します。以前のボールが入っているタイプのものと比べると、細かい動きも忠実に再現してくれるのです！」と理由を説明する感じです。

理由を付けることで、「最近のマウスを試してみたい！」と欲しいと思うレベルは上がります。ネットショッピングは、実物を見ずに購入するので、多かれ、少なかれ「騙されるのでは？」「思っているものと違うものだったらどうしよう？」という気持ちがあります。理由のないメリットには敏感に反応するので、理由をしっかりと書きましょう。

保障を充実させる

ネットで購入することに関して、まだ不安に感じる人も多いので、安心して購入してもらえるように「保障」があれば、大きくアピールしましょう。保障をして信頼を積み重ねることで、優良なサイトとしてクチコミで広がります。

なお、なぜ、保障が必要なのかというと、最初に購入してもらうことが一番難しいためです。1回購入したネットショップは2回目も安心して購入することができるので、リピーターになりやすい傾向にあります。そのため、ぜひとも1回は利用してもらいたいものです。

「はじめて購入してもらう」という大きな障害を越えるためには、充

実した保障は不可欠なのです。

YESをたくさん引き出す

　人間は「YES」とだけ言わせるように話を進めると、自然と拒絶反応をしなくなるという本能があるそうです。逆に「NO」を何度も繰り返していると、自然に否定的な思考回路と心理が働いてきます。これを訪問者の「購入しよう！」という心理に誘導するのに使いましょう。

　実はこれは以前に営業マンとして働いていた頃に上司から教わった方法なのですが、「次回新しい見積もりを持ってきましょうか？」と聞くより「次回は新しい見積もりをお持ちしますね」とこちらから言うのです。語尾に「ね」を付けると同意を求める文章になりやすいので、自然に「YES」を引き出すことに成功するので、次回の商談を約束できるのです。

　この手法をネット上で展開できれば、凄腕の営業マンであるサイトが24時間体制で顧客に対応してくれることになります。

はっきり背中を押す

　商品を購入してもらうには、訪問者を「商品の詳細が書いてあるページ」に誘導しなければなりませんが、どこに商品の詳細があるのかわかりにくいと、リンク先を見てもらえません。

　そこで、リンクがリンクであることをしっかりわかるようにしておいて、「××の詳細は、こちらをクリック」「××のお申し込みはこちら」のように、はっきり、読者の行動を促すような文面を書いて、リンク先を見てもらうようにしましょう。

　また、例えば、「アイドルの××がきれいになった秘密は？（アイドル××がCMしている化粧品へのアフィリエイトリンク）」「タレントの××が急に痩せた理由は？（タレント××がCMしているダイエット商品へのアフィリエイトリンク）」のように、リンクのタイトルを「そそるタイトル」にすると、さらに効果が高いことがあります。

3-16
ターゲット属性に合わせた
サイト作り

買う側の心理状態をとことん追求する

　売ろうとしている商品やサービスを、実際に訪問者の目線に立って見ることが重要です。サイトのターゲットが、例えば、にきびを治したい20代〜30代の女性であれば、女性向けのスキンケア関連のサイトや雑誌などを読み漁って研究しましょう。

　そうすることで、どんな言い回しやキャッチフレーズを使えばいいのか、どのようなことが心配なのか、購入するに当たり競合の商品はどういうものなのか、平均的な価格帯はいくらかなどを意識できるようになって、一言でターゲットの心を掴むキャッチフレーズができたり、効果的な保障やアフターケアを考え付いたり、他にどんな商品をセットで販売すればいいのかなど、たくさんの戦略を立てることが可能になります。

　こちらが売りたいものを売るのではなく、訪問者の要望を理解し、必要な商品を用意して、しっかりと必要性を伝えることが重要なのです。

　しかし、頭では理解できていても、本当に100％理解することは不可能です。そのような場合は、サイトでアンケートに協力してもらうという手法もあります。

　ただ「アンケートに協力してください！」だけで情報が集まるほど甘くはないので、魅力的なプレゼントを用意した方がいいでしょう。さらに「期間限定！　今ならアンケートに答えるだけで○○をプレゼント！」と時間的区切りを持たせることで「期間限定であれば今答えとかないと」と思わせるのも有効です。

ターゲット属性に合わせたカラー使い

　「赤ちょうちんが、ぶらさがっている飲食店」を想像してみてください。焼きとり屋や、居酒屋を想像したのではないでしょうか？　もし、

表に赤ちょうちんがぶらさがっている飲食店に入ってみて、フランス料理店だったら、驚くだけではなくて、「フランス料理を食べている気分にならない！」などのように不快に思って、二度と行かない人が出ることが想像できます。
　このように、人の先入観や共通意識の逆を行くと、失敗することがあります。
　サイト作りも同じです。ゴルフと言えば、森や芝などから、想像するカラーは緑、または、青空の元でプレーすることを想像すれば、清純、クールなどのイメージの青などです。つまり、ゴルフのサイトを作るなら、緑、青を基調にすべきです。実際、ゴルフ会員権やゴルフ関連のサイトの半数近くは、緑を基調したサイト作りをしています（もちろん、100％そうではなく、違うカラーをメインで使用しているところもあります）。
　一生懸命、サイトを作成しても、訪問者の先入観、共通意識の逆を行っているだけで、赤ちょうちんのフランス料理店同様、二度と訪問してくれなくなる可能性もあります。ですから、扱う商品とそのイメージするカラーを一致させるようにすることは非常に重要です。
　同じように、サイトに使う画像やイラストも、商品と関連付けることが重要です。例えば、ゴルフ用品の販売サイトだと、ゴルフ場の写真を使うような感じです。
　なお、画像やイラストは、一点もののオリジナルがいいのですが、すべて自分で画像・イラストを用意するのは大変です。そのような時は、素材集や、画像・イラストを扱っているサイト（有料もしくは無料）を利用するといいでしょう。素材集は、家電量販店のパソコンソフト売り場にて販売されていますし、素材や、画像・イラストを扱っているサイトは、インターネットで「素材」「イラスト」「素材＋無料」「イラスト＋フリー」などのように検索すると見つけることができます。
　販売している商品にあった画像・イラストを探しましょう。

3-17

連れ売りを誘発するサイト作り

連れ売りを誘発して客単価を上げる

　ある程度、集客できるようになった後は、それ以上にアクセス数を上げることは困難です。そこで、同じアクセス数でも成約率を上げることで売上アップを目指すことが重要なのですが、同じお客に複数の商品を購入させて「客単価」を上げることでも売上アップできます。

　ですから、1人が買う商品を増加させる工夫も大切です。具体的には、カテゴリごとに商品を分類したり、関連する情報をまとめたりすることが有効です。

カテゴリごとに商品を分ける

　もし、コスメを販売するサイトのトップページに、ファンデーション、口紅、マスカラ、溶液、洗顔フォームなどのあらゆるジャンルの商品が並べられていたら、訪問者は欲しいものを探しきれず、諦めて別のサイトに行ってしまいます。

　そこでファンデーション専用のページ、マスカラ専用のページといった感じで、種類ごとに専用ページを作って訪問者を迷わせないようにしましょう。カテゴリごとに、わかりやすく商品があれば、「口紅を買おうと思っていたけど、よく考えたらファンデーションもなかったので、ついでに買おう」と思うような訪問者に、うまく連れ売りさせることができるようになります。

　なお、ページが増えることによりSEOにもなります。

個別ページは、関連する情報をまとめる

　個別ページには、関連する情報があるページへのリンクを入れるといいでしょう。例えば、「ファンデーションAを紹介した個別ページ」に

は、価格が違うファンデーションB、メーカーが違うファンデーションCのページなどへのリンクや、ファンデーションと一緒に購入されやすいスポンジのページへのリンクなどを入れる感じです。

　なぜ、このように個別ページに関連する情報をまとめるのかというと、訪問者は必ずしもトップページから来るわけではないためです。特に検索エンジン経由の訪問客は、個別ページだけしか見ずに（トップページは見ずに）、自分が欲しいものがあるかどうかを判断することが多々あります（107ページ参照）。

　つまり、個別ページを見た時に、「このページには、ファンデーションAしか情報がない。他のファンデーションを見たい」「スポンジも一緒に買いたいので、スポンジも紹介しているサイトを見よう」と思う人が多いわけです。

　そこで、そのような人を逃がさないために、個別ページに関連する情報をまとめておく必要があるわけです。

3-18

そのほか気を付けるべき点

質問や注文を受け付た場合など速やかに顧客に返信しよう

　購入手続きを終えた後、すぐに確認メールがないと、不安に感じる人もいるので、注文や質問があった場合には、自動的に返信できるシステムを用意しましょう。

　「メール＋自動返信」で検索すると、色々な会社のサービスが出てくるので、比較、検討してみてはどうでしょうか。

顧客からの質問をＱ＆Ａにまとめていこう

　訪問者が質問をしてくるのは、商品なりサービスを真剣に検討している証拠です。決して「面倒」などと思わず、誠意を持って返信するようにしましょう。

　また、1人が疑問に思うことは、何人もの人が疑問に思う可能性があります。そこで、それらの質問をＱ＆Ａのコーナーを作ってまとめておくと、こちらの手間も軽減し、訪問者もすぐに問題を解決できます。

　買いたいなと思った時から時間が経ってしまうとその気持ちは半減するものです。その機会を逃さないためにも、全ページに「よくある質問はこちら！　Ｑ＆Ａのコーナー」というリンクをわかりやすく表示すると良いでしょう。

成約率が上がらない場合は商品を見直してみよう

　何をしても成約率が上がらない場合は、商品を変えてしまうのも一つの方法です。

　というのも、「売れると聞いた商品」でも、たとえば「すでに多くの人が買っていて、これ以上は売れにくい状況だった」「流行がある商品だった」のようなことが原因で、売れないこともあるためです。

ただし、商品を変える前に、アクセス解析を見て、「狙いのキーワードで上位表示できているかどうか」を確認するようにしましょう。もし、上位表示できていないなら、商品を変える前に、上位表示させてみることも大切です。

3-19

実際のサイトで検証

真似るのではなく学ぶのが大切

　最後に、「追跡型」で成功しているサイトの「実例」を紹介します。

　ここで紹介しているサイトはSEOの競争に打ち勝って集客できているので、成功しています。つまり、そのまま真似ても確実に失敗しますが、「なぜ成功したのか」という理由がわかると、オリジナルのサイトを作るときの参考になります。

　そこで、今まで説明してきたノウハウが、実際に、どのように使われているのかを中心に読んでみましょう。

実例①Webサイトタイトルのインパクトで上位Webサイトよりも集客

　「パステルゼリー注文前の注意点」（http://パステルゼリー.激安shop.jp/）は、ダイエットゼリーの紹介Webサイトです。

　このサイトの一番の特徴は、タイトルに「インパクト」を持たせるようにしていることです。検索エンジン結果（Google）で体験談を盛り込んだタイトルがすでにあったので、Webサイトタイトルのインパクトで上位Webサイトよりも集客することを狙ったのです。

　ダイエットゼリーを購入しようと思って検索している利用者にとって、「注文する前の注意点」と書かれていると、気になって「注文する前に読んでおかないと損をするかも……」と思ってしまうわけです。

　なお、Webサイトの中を見ると、注文の仕方でお得に購入できる方法が書かれています。すでに購入意志のある人が訪問する確率の高いタイトル表示をすることで、高い成約率を保っています。

実例②成約率の高いキーワードの選定と時間軸で勝負

　「バツイチ再婚NET」（http://バツイチ再婚.jp/）は、結婚斡旋サービ

スを紹介するサイトです。

このサイトのポイントは、成約率の高いキーワードである「結婚シミュレーション」・「無料診断テスト」・「あなたの結婚度」というキーワードで、再婚に興味のある人に絞って、結婚斡旋サービス利用を促していることです。時間軸で「結婚」を考えて導き出した「バツイチ再婚」という属性をターゲットにすることで、「結婚」という激戦キーワードよりも競争の少ないキーワードで勝負しています。

また、紹介しているサービスの利用料は無料なので、利用者の金銭的負担がなく、サービス利用申し込みしやすい紹介内容となっています。

実例③体験談で成約率をアップさせる!

「マウスコンピューターファン」(http://mouse-pc.com/)の右上には体験談があります。この体験談が売上に貢献していますが、この体験談には、体験談としてみてもらえるような工夫がしてあります。

具体的には、なぜ私が数あるメーカーの中からマウスコンピューターを選んだのかの理由を解説するのはもちろん、訪問者に「私が本当に購入したこと」を実感してもらうために、購入手続きの画面から始まって、商品到着後のパソコン箱から、箱の解体、組み立て、初期セッティング方法までをすべてデジカメで撮り、その画像をすべて順を追ってサイトに掲載しているのです。

ここまでして、はじめて訪問者に「ここの管理人は実際に購入しているので、このサイトの情報は信憑性があるぞ」と思ってもらえると考えています。言葉だけで「このパソコンはいいですよ～」と言っても訪問者にはその言葉は届きません。特にパソコンなどの高額な商品はなおさらです。100のお勧めする言葉より1つの画像の方が断然、訪問者の心に響くと考えています。

逆に、最近は広告選びの時点で、体験談と画像をイメージしやすいものを選ぶようにしています。実際に商品を購入するわけなので、費用を

かけてまで体験談を書くのも躊躇してしまうかもしれませんが、そこはサイトへの投資として割り切って考えるといいと思います。

　さらに言うと、体験して自分がよくないと思った商品のサイトは作るべきではないと考えています。やはり自分がいいと思った商品でないと、文章もそれなりのものしか書けないものです。そのサイトを作る労力があれば、他に回す方が懸命だと思います。

実例④顔写真で信用を上げて成約率をアップさせる

　「南方郵便機」（http://www.nanpouyuubinki.com/）は、実店舗もあるコーヒー豆の通販サイトです。私が住んでいる近くで、おいしいコーヒー豆屋がないか探していた時にネットで見つけたお店で、ネットで見つけて、実店舗で購入に至りました。

　このサイトでは、まず顔写真で信用を上げて成約率をアップさせています。ネットショップの場合、対面と異なるため、店長やスタッフの写真などがあると写真から人柄がわかり、お客様はお店の雰囲気を想像するので、とても重要です。

　次に、関連する情報をまとめています。例えば、サイトの項目を見ると、コーヒー豆の販売のサイトですが、コーヒーを淹れるための関連する情報がまとまっています。コーヒーの淹れ方、コーヒー豆の選び方や関連する小物等の販売も行っています。

　また、ターゲット属性に合わせたカラー使いもしています。魅せる技術がない場合、イメージカラーでサイトを作成するのが王道です。

第4章

セールス型

4-1 成功するための3つのタイプ 〜セールス型

セールス型とは

　セールス型とは、「セールスレター」という一風変わったホームページを使って、商品を販売するタイプのことです。例えば、以下のようなサイトがあります。

　以下のサイトを見れば、セールス型のホームページは、待ち受け型・追跡型とはまったく違うことに気が付くと思います。

セールス型サイトの例

ブログを作ったけど SEO対策の被リンク集めに苦労している・・。
メルマガを発行したけど 読者が集まらない・・。

ならばどうでしょう・・・？

SEO対策 から メルマガ読者増
さらには 成約率アップ までもが
たった1つのツールで出来るとしたら、
あなたが 稼げない理由はなくなります よね・・

> このサイトでは（http://auto-collector.net/）、SEO対策ができるパソコン用のソフトを販売しています。実際にサイトを開くと、1ページに物凄い文章が詰まっているのがわかると思います。

セールス型のメリット

　セールス型は、人の心理をうまく突いたサイト構成になっているため、どのような商品でも販売できると言っても過言ではないくらい圧倒的な販売力を誇ります。つまり、セールス型なら、「莫大な広告費をかけて、テレビCMで有名タレントを起用して、ブランド戦略を仕掛ける」などのようなことをしなくても、需要さえあれば、まったく無名な人が制作した、まったく無名な商品でも、販売することができるのです。実際、セールス型で、情報商材を販売して、莫大に稼ぐ情報起業家はたくさんいます。

　なお、追跡型と同様に、慣れれば、2、3時間もあれば作成できてしまうというのも、メリットの1つです。

セールス型のデメリット

　商品に魅力があれば、クチコミが広がることもありますが、逆を言えば、ある程度、商品が売れないと、クチコミが広がることはありません。つまり、セールス型は、待ち受け型のように、サイトの内容が評価されて、他のサイトに紹介されたり、自然にクチコミが広がったりして、集客することはできません。また、検索エンジンの評価というよりも、人の心理を突いたサイト作りに特化させるために、追跡型のように、狙ったキーワードで上位表示させることも難しい場合が多くなります。つまり、セールス型は、他のサイトから紹介してもらいにくく、クチコミが広がりにくく、検索エンジン経由のアクセス数も思うように得られなく、集客に難があるというわけです。よって、セールス型では、小額ながらもコストをかけて集客することが多くなります(つまり、ローリスクですが、リスクがあります)。

　また、セールス型は、いわば福袋と同じで、上手なキャッチコピーなどで購入に至らせるために、お客様に過度に期待させてしまうこともあります。過度に期待したお客様は、どのような商品であっても、「期待していたものと違っていた」と思ってしまうものなので、通常の販売よりも、クレームの数が多くなる可能性があります。

4-2 売れるセールスレターの構造

セールスレターとは？

「セールレター」とは、1ページのみで、縦長に展開していく形式のホームページのことで、通常は1ページにA4用紙10枚〜20枚ほどの情報を詰め込んで作ります。「待ち受け型」「追跡型」のホームページを見慣れた人は、セールスレターを見て驚くかもしれませんが、今や売れているセールス型のホームページは、ほとんどがこの形です。

なお、10枚〜20枚というのは、あくまで平均的なページの情報量で、販売する商品によってその長さは違ってきます。私がプロデュースした商品だと、A4用紙50枚を超えるボリュームを1ページに詰め込んだセールスレターもありました。

セールスレターの構造

セールスレターは、下記のようなパーツが組み合わさって構成されています。順番が多少前後することもありますが、売れるセールスレターにはこの要素は欠かせません。

①キャッチコピー	商品に興味を引かせる
②リードコピー	商品の特徴や、キャッチコピーの補足
③導入	続けて本文を読んでもらうための文章
④本文	販売者のプロフィール、商品の特徴、開発経緯など
⑤メリット	商品を購入するとどのようなメリットがあるか
⑥推薦の声	お客様、もしくは権威のある方からの推薦の声
⑦緊急性	なぜ今この商品を買わなくてはならないのか
⑧価格	ここまで読んでもらってはじめて価格を提示

⑨Q＆A……………お客様からのよくある質問
⑩追伸………………お客様へ最後のメッセージ

セールスレターで成功するポイント

　セールスレターは文章が長いので、いかに最初に興味を持ってもらい、最後まで読んでもらうかにすべてがかかっています。そのため、上記の文章構成と、コピーのできに、売上のすべてがかかっていると言っても、過言ではありません。

4-3

キャッチコピーがすべてを決める!

キャッチコピーを決める

　キャッチコピーで興味を持ってもらえなければ、訪問者は、一瞬でページを閉じてしまいます。つまり、魅力的なキャッチコピーでないと、どんなにいい本文であっても、どんなにいい商品であっても、すべてが台無しなのです。

　「そんなはずはない。値段ぐらいは見てってくれるはずだ！」と信じている方も多いようですが、そんなに甘くはありません。一般的なサイトだと、訪問者は3秒で、そのページを読み進めるか、閉じるかを決めると言われていますが、私はセールス型のホームページでは、もっと早い1秒程度で判断しているのではないかと考えています。

　このキャッチコピーに魅力がないと、どれだけ悲惨なことになるのか、実例を見てみましょう。右図のデータは、「フルマーケくん」(http://www.full-marke.com/) というツールで、精読率の測定をした結果です。なんと、最初の5％の部分、つまりキャッチコピーの部分を見ただけでサイトを閉じた方が75％もいるのです。このようなセールスレターに、広告費をかけて、アクセスを流しても、無駄になることは一目瞭然です。

　魅力的なキャッチコピーでないと、その後の文章は読んでもらえないということを肝に銘じておくことが重要です。

時給106万円！ ネットで儲ける3つの戦略

精読率の測定

到達位置	グラフ（精読率）	到達件数
0%	100%	303
5%	24.75%	75
10%	17.16%	52
15%	14.85%	45
20%	14.52%	44
25%	14.52%	44
30%	14.19%	43
35%	14.19%	43
40%	13.86%	42
45%	13.86%	42
50%	13.86%	42
55%	13.2%	40
60%	13.2%	40
65%	13.2%	40
70%	12.87%	39
75%	12.54%	38
80%	11.55%	35
85%	11.22%	34
90%	11.22%	34
95%	11.22%	34
100%	10.23%	31

> このグラフは、ホームページを開いた時点を0%の位置、ホームページをすべて読んだ時点を100%の位置として、上から5%の位置（キャッチコピーの位置）で、24.75%しかいなくなったということを意味しています。つまり、「100%-24.75%=75.25%」の人が、キャッチコピーの位置で画面を閉じたことを意味しています。

4-3 キャッチコピーがすべてを決める！

魅力的なキャッチコピーを書く方法

では、どのようにして、魅力的なキャッチコピーを作ればいいのでしょうか？

魅力的なキャッチコピーを書く方法としていくつか方法はありますが、一番簡単なのは、同じジャンルであれば、どのようなサイトでもいいので、とにかく他のサイトを見て回ることです。つまり、待ち受け型でも追跡型でも、個人のブログでも企業のサイトでも、どのようなサイトでもいいので、販売しようとしている商品と、同じジャンルのサイトを、ずっと見て回るのです。

ただし、10サイト、20サイトではなくて、最低でも100以上のサイトは見るようにしましょう。そして、目を引いたサイト、すぐに閉じたサイト、じっくり読んでしまったサイト、すべてメモしておきましょう。

すると、人は、どのような画像、どのような文章に反応するのかが、感覚でわかってきます。サイトの見た目、文章、共通点、どこに引き付けられるのか、まずは自分自身で体験することが重要です。

「こんな感じだったらみんな読むだろう……」と手を抜けば、5分～10分で、それっぽいキャッチコピーはできますが、セールスレターを読むのは訪問者です。訪問者の気持ち、心理状態がわからないのにレターを書き始めても、反応の良いレターは作れないのです。そうなれば、結局、後作り直すことになって、二度手間になるので、上記のことは最初にやっておきましょう。

業界のマジックワードとも言うべき言葉

自分の目で、色々なサイトを見回った後は、同じように、雑誌広告や書籍の売上ランキングも見て回りましょう。というのも、プロが作り上げた広告文、書籍タイトルは、売れるマジックワードが随所にちりばめられているためです。人が反応する言葉を、意図的に使って、商品を魅力的に見せていることに気付くはずです。

なお、このような経験を積むと、一定の法則、つまり「業界のマジックワードとも言うべき言葉」を発見できるようになります。例えば、「楽々」「誰でも」「魔法の」「奇跡の」「○○（サル、バカ）でも」「○日で○倍に」「○○はするな！」などです。

ただ、このようなキーワードは、販売する商品によっても効果が異なりますし、流行もあるので、やはり、自分の目で実際に体験することが重要と言えます。

キャッチコピーには商品名を載せてはいけない！

なお、色々なサイト、書籍のタイトルを見ていると、キャッチコピーを載せるべき部分に、商品名をデカデカと掲載しているページをよく見かけますが、これを真似するのはお勧めできません。というのも、よほど名前が知られている商品（ブランドや雑誌、CMなどで宣伝されている商品）でなければ、訪問者は興味を持たないためです。

キャッチコピーの例

失敗例 ダイエットはこれでOK！○○○○（商品名）

「またダイエットの商品か……他のページを見よう!」などのように思うはず。

お勧めの例 痩せたいならご飯を食べてください

「痩せるのに、ご飯を食べる!?どういうこと?先を読み薦めよう!」と思う人が多い。

実際、極端な例ですが、以下のどちらのキャッチコピーに興味が引かれるのかを考えれば、自明の理だと思います。

キャッチコピーは複数作ること!

　実際にキャッチコピーを作る時、複数、作る必要があります。最低でも10個〜20個のキャッチコピーを作りましょう。その中から反応の良いキャッチコピーを採用するのです（反応のテストの仕方は後述します）。

　というのも、自信のあるキャッチコピーでも、その良し悪しを決めるのは訪問者のためです。自分では自信があっても、反応が取れなければ何の意味がないのです。

　キャッチコピーで手を抜くと、せっかく作ったセールスレターが読まれることなく、閉じられてしまいます。

4-4 興味を引き付けるためのリードコピー

リードコピーとは？

いくら魅力的なキャッチコピーを書いても、その下にいきなり商品の説明を持ってきてしまえば、訪問者は、魅力を感じずに、そのままページを閉じてしまいます。そこでリードコピーが重要になります。

リードコピーというのは、キャッチコピーの下に書く文のことで、興味を持ってページを読み進めてもらうために書きます。

リードコピーの実例

では、実例を見てみましょう。以下は、私のサイトで実際に使っている例ですが、キャッチコピーのすぐ下に、数行の文章が書かれています。これがリードコピーです。

「このページにはインターネットで稼ぐノウハウが書いてありますよ」と言われれば、興味がある方はここで閉じることはないでしょう。「最後まで読んだら何が書いてあるんだろう？」と気になって、ページを読み進めてくれます。

このようにリードコピーは重要なのです。

リードコピー

ブログを作ったけど SEO対策の被リンク集めに苦労している‥。
メルマガを発行したけど 読者が集まらない‥。

ならばどうでしょう‥？

SEO対策 から メルマガ読者増
さらには 成約率アップ までもが
たった1つのツールで出来るとしたら、
あなたが 稼げない理由はなくなります よね‥

あなたにリスクはありません。

万が一役に立たなければ全額返金保証致します。

さらに、この手紙を最後まで読んで頂くだけでも
月10万ほどは稼げるようになりますから‥

この部分がリードコピー

4-5

本文を読んでもらうための導入文

導入文とは？

　導入文とは、リードコピーに続いて、さらに興味を持って本文を読み進めてもらうための文章です。

　私の運営するサイトでは、例えば「SEO対策が今よりも効率的に行えるようになる」「メルマガ読者数をガンガン増やすことができる」「役に立たなければ全額返金保証」のように、「セールスレターに書いてあることを読めば、このようなことができるようになります」という感じの「約束」で興味付けをしていたり、親近感が沸くように、会話形式からはじめたりすることもあります。

導入文

教えてもらった通りにしてるんだけど…

「隣の席空いてますか？」

「あ、空いてます、いいですよ。」

この何気ない会話から始まったAさんという方との話です。

とあるネットビジネスセミナーでの懇親会の席で…

たまたまセミナーで隣の席になったAさんと意気投合して、ともに懇親会へ。

しかしAさん、どことなく元気がなさそうで、よくよく話を聞いてみると…。

「最近検索エンジンに上位表示されたサイトが、順位を落として…」

「教えてもらった通りにSEO対策をやってるんだけど…」

4-6
プロフィールや会社の理念も重要!

プロフィールや理念を入れよう!

どこの誰ともわからない営業マンから、商品は買わないのではないでしょうか？ ホームページにプロフィールや理念がないということは、「私は、どこの誰だかわからない人ですが、商品を買ってください」と言っているようなものです。

そこで、ホームページには、プロフィールや理念を入れるようにしましょう。

ありきたりのプロフィール、理念では効果がない!

ここ数年、会社のホームページを見ると、必ずと言っていいほど、「スタッフのブログ」があります。なぜ、わざわざスタッフのブログを入れているのでしょうか？

その理由は、ズバリ、「どこの誰が商品を販売しているのか」を明確にするためです。

ネットとはいえ、人と人との繋がりです。「当社のスタッフが真心込めて販売しています」と書くよりも、スタッフの日々の仕事内容やちょっとした趣味を書いた何気ないブログの方が、好感が持てますし、親近感が沸いて、商品が売れやすくなるのです。

それと同じで、理念に「当社はお客様の満足を第一に考えています」というような「ありきたりなこと」を書いてもダメですし、専門性のある商品の場合は別ですが、プロフィールに「○○学校卒業、○○会社に○年在籍」などという形式的な履歴書を書いても、販売の効果は期待できません。

プロフィールや理念は、ありきたりなことや肩書きを紹介するために書くのではなく、訪問者に「自分人柄」「商品に込めた思い」などを知

時給106万円！ ネットで儲ける3つの戦略

ってもらうために書くのです。堅苦しい、形式的な挨拶ではなく、あなたという人物・会社に、どのような魅力があるのかを書くようにしましょう。

ちなみに、私の場合は、写真を入れたり、稼げなかった頃のエピソードを入れたり、プロフィールをストーリー風にして書いています。

プロフィールの例

はじめまして、楠山高広と申します。

Aさんへのアドバイスの秘密とは…？
それをお話しする前に、自己紹介をさせて頂きたいと思います。
いえいえ、決してもったいぶってるわけではありません。
私がどのような人間かわかって頂かないと、アドバイスの内容に説得力がありませんので…。

私、楠山高広は今でこそ、月に数百万を稼ぎ出す起業家ですが、
もちろん始めからそんなに稼いでいたわけではありません。

私がアフィリエイトなどのインターネットビジネスを始めたのは一昨年前のことです。

始めのうちは、やりさえすれば稼げるだろうと気軽に考えていたのですが、
ふたを開けてみるとそんな淡い期待はあっさりと打ち砕かれてしまいました。

出だしは2ヶ月で4,000円…
しかも勤めていた会社を辞めて、その数字です。

4-6 プロフィールや会社の理念も重要！

4-7 圧倒的な証拠と自信で信用を勝ち取る

証拠、実績で信用アップ！

　文章の書き方や構成と共に重要なのが「証拠」「実績」です。「証拠」「実績」があれば、信用が生まれて、商品が売れやすくなるためです。

　私は、まったく稼げなかった時の報酬画像と、稼げるようになってからの報酬画像を「証拠」として掲載することで、訪問者に信用してもらえるようにしています。

返金保証で信用アップ！

　同様に、返金保証をすれば信用がアップします。返金保証をすることで、訪問者は安心して購入することができますし、「返金保証するぐらい自信のある商品なんだ！」と思ってくれるようになります。

　ただし、何も考えずに、単純に、返金保証を付ければいいということではありません。例え、どんな良い商品であろうと、返金保証を付ければ、必ず返金希望はきます。通常は10％～15％の購入者から返金があると言われているので、ある程度の返金を計算に入れて、価格や返金保証の有無を考えなければ赤字になってしまうのです。

　ちなみに、私が返金保証を付けたツールは5％弱の返金希望がありました。返金理由には、「商品の使い道がわからない」「まだ初心者だから使い方がわからない」など、「なぜ購入したのか」を聞きたくなってしまうようなことで、返金を希望する人も多々いますので、冷やかし購入を避けるため、あらかじめ販売ページ上で返金の対象外を明確に書いておくことをお勧めします。

インパクトのある返金保証で信用を大幅アップ！

　もっとインパクトのある保証に、「商品代金＋○○円返金」というものがあります。執筆時点では、まだ開始していないのですが、次回リリースする予定の会員サービスでは、「宣伝文句にあることが実現しなければ、『会費＋10万円』を返金する」というありえない保証を付けます。サービスに対する自信を保証で表すことで、訪問者の信用を得るのです。

　このような「ありえない保証」は、訪問者の信用を得るだけではありません。実は、私は、この分野のサービスを手がけるのは、これがはじめてなので、当然、顧客リストも人脈もありません。そこで、過激ですがこのような手段でサービスに対する自信を強くアピールして、訪問客へインパクトを与えるのです。

　どの業界もそうですが、競合が多数いる市場で、新しく仕掛ける場合、時には「ありえない」と言われるような保証やサービスをすることで、他社との差別化を図り参入することができると考えています。

4-8

なぜ、購入者の声が必要なのか？

購入者からの推薦の声は、信用の証

　ホームページで、いくら良い製品だと言っても、「宣伝文句」だと思われてしまうのがオチです。そこで、訪問者と同じ立場の「購入者」から、商品を推薦してもらうといいでしょう。商品の利害と関係のない第三者の意見の方が、信憑性があって、商品に対する信頼感が高まります。

　これは何も、ホームページ上だけで行われていることではありません。深夜のテレビ通販番組でも、頻繁に、「モニターの実践結果」などとして、第三者の声を放送しています。それだけ、購入者の声は重要なのです。

権威からの推薦は効果が高い

　「○○教授も認めた！」「あの有名人の○○も使っている」というように、権威ある人からの推薦文も、商品の信用を高めるのに効果的です。「この人が薦めているなら大丈夫だろう」と、安心・信用した人が、商品を購入してくれるというわけです。

　なお、「このような手法は、古典的で、子供でも、引っかからない」と思う人もいるようですが、そういう人も無意識のうちに引っかかるくらい有用な方法です。

推薦してもらうテクニック

　購入者からの推薦文を書いてもらうには、「感想を書いていただければ○○円キャッシュバック」「感想を書いていただけた方だけに特典の○○を差し上げます」のように、その対価として何らかの特典を付けるのが一般的です。

　また、すでに顧客リストがある場合は、発売前にモニター価格で商品を提供して、感想を書いてもらって、発売時には最初から感想がホーム

ページに載っているという状態にしてもいいでしょう。

　しかし、はじめて販売するという人は、このような方法で感想を集めるのは難しいので、「販売者と電子書籍を読みたいという方を集めたマッチングサイト」を利用すればいいでしょう。

●推薦・感想文収集サービス（http://情報商材推薦文.jp）

　電子書籍をタダで読める代わりに、書籍に関する感想を書く形になっています。

4-9 商品に緊急性を持たせる！

緊急性がなければ売れない

例えば、以下の2つの商品があったとして（内容は同じ）、どちらが売れると思いますか？

> 商品A「今日からはじめるメタボリック完全解消マニュアル」
> 商品B「メタボリックにならないための生活習慣マニュアル」

実は、売れるのは商品Aの方です。

商品Aは、すでにメタボリックで悩んでいる方に向けた商品ですが、もう一方の商品Bは、いわゆる「予防策」です。「予防」系の商品は、非常に売れにくいのです。というのも、「ちょっと気にはなるけど、まだ大丈夫」という状態の方に、商品を購入してもらうのは至難の技なためです。

というわけで、これから商品を売り出そうとするのであれば、販売している商品に「今買わないと損をする！」と思わせるような仕掛けや、「今すぐ欲しいと思わせる商品」のように「緊急性」を持たせた商品を販売することをお勧めします。

また、メタボリックの例のように商品名1つで緊急性を持たせることもできるので、商品タイトルも見直すのも1つの手です。

時期によって緊急性が高まる

時期によって緊急性が高まることもあるので、売れる時期には多少広告費をかけてでも、一気に売り出しましょう。

でも、本当に時期によって緊急性が変わるのでしょうか？　実際、時期によって、緊急性が高まる例を見てみます。

以下は、「グーグルトレンド（http://www.google.com/trends）」で「ダイエット」というキーワードを調査した画面です。毎年、夏前に一気に検索数が上昇して、夏過ぎから検索数が下降していくのがグラフでわかると思います。

このように時期の緊急性もあることを忘れないでください。

時期による緊急性

Trend history
●ダイエット

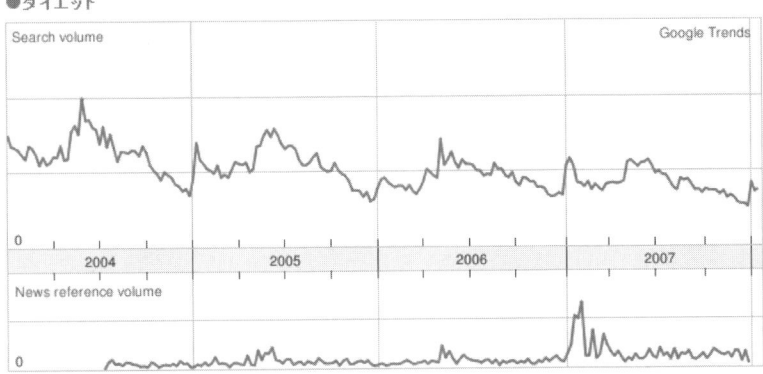

「ダイエット」というキーワードは毎年夏前に検索数が上昇して夏過ぎに検索数が下降している

4-9 商品に緊急性を持たせる！

ホームページで、緊急性を持たせる仕掛け

　スーパーでは「特売日」に、「今なら〇〇円」「今ならさらに〇〇がついてくる」のような感じで「緊急性」を演出して販売しています。これは、広く一般的に使われる手法ですが、甘く見ることができない効果のある手法です。というのも、実際、ホームページでも同じように緊急性を持たせて売ると、普通に販売している時と比べて、驚くほど成約率が上がるためです。

　なお、インターネットならではの緊急性の高め方もあります。「ワンタイムオファー」と呼ばれる手法で、その名の通り、一度切りしかページが表示されません。

　実際に、私が運営しているサイト（http://ブログ記事作成販売.jp/on/）を見てみてください。このページでは今ページを開いている間のみ「特別価格」で会員になれるようになっています。もし、このページを1回でも閉じてしまうと、次にこのページに訪れた時には、お詫びのメッセージが表示されて、その後、通常の販売ページに飛ばされてしまいます。一度きりのチャンスという緊急性を作って、成約率を高めているのです。

　「今買わないと損する」という緊急性を持たせると、商品の成約率は急激に高まります。緊急性は、可能な限り商品そのものにも、ホームページにも、極端になりすぎない程度にお客様に訴えかけましょう。

ワンタイムオファーの例

最初のアクセス時

記事作成販売サービス

気をつけて下さい。このページは一度きりしか表示されません。
閉じたり、戻ったりすると二度と開くことはできません。
「特別価格」でのオファーは一度きりです。

これまで記事や無料レポート作成に貴重な時間を費やしてきたあなたへ！！

あなたが本気で**アフィリエイト収入を今の何倍、何十倍にも増やしたい**のでしたら、**爆発的に稼げるキーワード**に関する以下のコンテンツを毎月**使い切れないほど**あなたにお届けしますが…

2回目移行のアクセス時

申し訳ございません。
すでに二回目以降の訪問となっていますので特別オファーご優待ページの表示は出来ません。
通常販売ページへ移動致します。

→

記事作成販売サービス

これまで記事や無料レポート作成に貴重な時間を費やしてきたあなたへ！！
あなたが本気で**アフィリエイト収入を今の何倍、何十倍にも増やしたい**のでしたら、**爆発的に稼げるキーワード**に関する以下のコンテンツを毎月**使い切れないほど**あなたにお届けしますが…

- ☑ 稼ぎやすいジャンル「５００記事」
- ☑ 特典として使える記事「１５０記事」
- ☑ 無料レポート紹介文「１００記事」
- ☑ 再配布、編集可能な無料レポート「２０本」

> 一度きりしか表示されないオファーが、緊急性を感じさせる！

4-10 成約率を上げる工夫

Q&Aで成約率アップ

　誰しも、疑問の残るような商品を購入することはありません。また、よほど欲しい商品でない限り、疑問に思うことがあっても、面倒臭くていちいち問い合わせはしません。

　そこで、お客様から来た質問に対する答えはすべてホームページ上に載せておきましょう。問い合わせが少なくなり返信の手間は減りますし、お客様はホームページ上で、疑問を解消できるので、双方にメリットがあります。

　というわけで、お客様からの質問メールは、ホームページを充実させるチャンスと言えます。

ダメ押しの追伸文

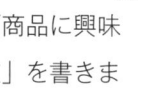

　一通り最後までセールスレターを読んでくれた人は、必ず商品に興味があります。そこで、最後に、さらに一押しできる「追伸文」を書きましょう。

　ここを読んで購入に踏み切る訪問者は少なくないので、最後には、必ず自分のメッセージを書き添えましょう。

　ちなみに、私が運営しているツール販売のページでは、「孫子」の言葉を引用して、最後に、このツールの必要性や私からのメッセージを書いています。

追伸の例（http://seo-trend.com/）

最後にあなたへ伝えたい事…

中国の兵法書『孫子』にも次のように
記されています。

【敵を知り、己を知らば百戦危うからず】

この言葉は古くから戦を常とする者の間で
語り継がれ、実践されてきました。

負け、すなわち死を意味する真剣勝負の世界の
命を賭けたノウハウといっても過言ではないでしょう。

では、この平和な世の中ではそれは必要ないのか？

私はそうは思いません！

と言いますのは、ネットの世界も生き残りを賭けた
真剣勝負の場であると考えているからです！

検索エンジンという、猛者が雌雄を決する戦場で、
日々勝負が繰り広げられていますが、
己を知り、そして敵を知る事で勝負が決まります。

4-11
テストマーケティングで売上を倍にする

売れない原因を探ることが重要

「やっとセールスレターが書けた！あとは売れるのを待つだけだ！」と、この時点でやり切ったつもりになってしまう人が多いのですが、書き慣れた方ならまだしも、はじめてのセールスレターでしっかりと売れることはほとんどありません。

そこで、どのキャッチコピーが良いのか、どの文章でお客様が離れていってしまっているのかなど、売れない原因を探っていく必要があります。

セールスレターのテスト

私がセールスレターのテストに使っているツールは「セールスページテストシステム（http://www.salespagetester.com/）」です。このツールは、Aというキャッチコピー、Bというキャッチコピー、どちらの反応が良いのか、文章中の商品説明、AかBかどちらが良いのかなど、細かく設定することができて、より反応の良い文章を導き出してくれます。

キャッチコピーやリードコピーをいくつも用意して、一番反応の良いパターンを探るという地道な作業ですが、この作業が後々数百万、数千万の売上の違いを生み出すので、必ず、このテストは実施しましょう。

売れるページ、売れないページは、テストをしなければ絶対にわかりません。ページの良し悪しを決めるのはお客様なのです。

アクセスを流すためにPPCを利用する

テストしようにも、アクセスがない状態では、テストできません。そこで、セールスレターにアクセスを流すために、Adwords（http://adwords.google.co.jp/）を使うといいでしょう。オーバーチュア広告でも良いのですが、商品やジャンルにより審査に通りにくいことがあるので、まず

はアドワーズ広告を使ってテストを実施することをお勧めします。

また、アドワーズ広告は、個人でも小額の費用で広告を出稿することが可能なので、資金が少なくても安心して使用することができます。

テストはセンスよりも地道な努力が実を結ぶ！

テストと修正を繰り返せば、まったく売れないというような悲惨な状況から脱出することができます。実際、以下は、テストマーケティングを繰り返して、悲惨な状況から脱出した時のデータです。やり方次第で、ここまで盛り返すことも可能なのです。

しかし、まだ途中で急激に精読率が落ちている部分があるので、まだ修正の余地はあるということです。レターの完成度が上がれば、それだけ売上が上がるので、満足することなく日々テストを実践していくことが重要です。

売上は文章1つで何倍にも膨れ上がるのです。テストはセンスよりも地道な努力が実を結びます。

テストマーケティング

到達位置	グラフ（精読率）	到達件数
0%	100%	216
5%	76.85%	166
10%	74.54%	161
15%	74.54%	161
20%	74.54%	161
25%	74.07%	160
30%	73.61%	159
35%	72.69%	157
40%	72.69%	157
45%	72.69%	157
50%	72.69%	157
55%	72.69%	157
60%	72.22%	156
65%	71.76%	155
70%	71.3%	154
75%	70.83%	153
80%	70.37%	152
85%	59.72%	129
90%	56.48%	122
95%	53.24%	115
100%	43.06%	93

4-12

お客様を逃がさない仕掛け

メールアドレスを取得してアプローチ

　ホームページに訪れた人が、そのまま商品を買っていってくれると思ったら大きな間違いです。他の商品と見比べたり、値段を見比べたり、しっかりと検討して、結局は購入しないということが多々あります。特に、たまたま検索から来た訪問者は、一度戻ってしまえば二度と、自分のホームページに訪れることがない……ということもあるのです。

　そこで、販売ページでは、メールアドレスを取得する仕組みを作っておきましょう。つまり、「今」買わない訪問者に、後から買ってもらうように、連絡する手段（メールアドレス）を確保しておくのです。

　ただし、ただ単に「お得な情報配信中！今すぐ登録！」や「メールマガジン発行しています。登録はこちら」とやっても誰も登録してくれません。そこで、無料のレポートを配布することで、登録率を高めます。

　では、実例を見てみましょう（http://アメリカ大学留学.jp/）。アメリカ留学のサイトですが、「アメリカの生活で200万、損しない為の方法」と「斡旋業者の実態」というレポートを、無料で配布しています。訪問者は、アメリカ留学に興味があるわけなので、「これ読んでみたい！」と思って、メールアドレスを積極的に入力してくれるようになります。

　アドレスを入力してくれれば、今、この場で買ってくれなくても、継続的にお客様に接触することが可能になるので、飛躍的に成約率はアップします。

ランディングページ最適化（LPO）で欠点をカバー

　「無料レポートによるアドレス取得」の方法には1つ欠点があります。せっかく買う気になっている人も、購入をいったんやめて、様子を見てしまうこともあるということです。

「この欠点をどうにかできないか」ということで「ランディングページ最適化（LPO）」という手法が使われるようになりました。

　ランディングページ最適化とは、サイトを訪れる方の目的に合わせて、それぞれ目的に応じたページを用意することで、サイトへの興味を引き、コンバージョン率（成約率）を高める手法です。なお、ランディングページとは、そのページのことを言います。

　ランディングページの形式は、販売する商品やサービスによって様々あるので、本書では、その中の１つの手法を紹介します。私が販売している商品で使っているランディングページです。

　アメリカ留学で留学斡旋業者に騙されない方法（http://アメリカ大学留学.jp/repo/）は、一見、セールスレターのようにも見えますが、セールスレターほど長い文章ではなく、A4用紙５枚ほどの分量しかありません。また、このレターを読んでいくと、最後に無料レポートの請求を促すためのフォームが用意されているだけで、このページでは商品を販売していません。

　つまり、このサイトは、アドレスを取得するためだけに存在しているのです。無料レポート請求のフォームだけがあっても、誰も登録してくれないので、このレポートの価値を高めて、無料レポートを請求してもらうためにセールスレター調にしているのです。

　そして、この無料レポートを請求した訪問者のメールアドレスに、自動的で、10日間の留学に関するメール講座が送信されるようになっているわけです。そこで、留学に関するノウハウをメールで伝えることで、留学商品への信頼感を高めてもらい、最終的にはセールスレターへ誘導して購入してもらえるようになります。

　なお、セールスレター中にアドレスを取得する仕組みを入れるのが良いか、ランディングページを作ってアドレスを取得してからセールスレターへ誘導するのが良いか疑問に思う人は多いですが、私はまずセールスレター中に仕組みを作って、アドレスを取得しながら成約率の高いレ

ターに修正していって、レターの完成度が高くなったらアドレス取得のフォームを外し、今度はランディングページを作っていくことにしています。

　というのも、最初からランディングページを作っても良いのですが、肝心のレターに魅力がなければ、いくらアドレスを集めても購入していただくことはできないためです。そこで、まずはレターを仕上げてからランディングページを作り込んでいく方が効率良く展開することができると考えています。

4-13
アフィリエイトを利用して集客する

アフィリエイトの仕組みをECサイトとして利用する

　セールス型では、待ち受け型や追跡型のようなクチコミやSEOでの集客は難しいので、費用をかけて集客する必要があります。そこで、まず利用したいのがASPです。

　待ち受け型や追跡型では、営業マンであるアフィリエイターとしてASPを利用しますが、セールス型では、ASPを、広告主（ECサイト）として利用します。ASPを利用することで、アフィリエイト報酬が欲しいアフィリエイターが、自身のホームページ、ブログ、メルマガなど色々なところで、商品・サービスを紹介してくれるようになって、集客に繋がるようになるのです。

　実際、アフィリエイトを導入していない情報起業家は皆無です。逆に言えば、ASPを利用しないと、ほとんど収入が得られないと言えます。

ASPの利用にかかるコスト

　ASPを利用するに当たって、かかるコストは、ASPによって異なります。大手のASPの場合は、たいてい、初期費用や、月々、管理費などがかかりますし、実際に商品が売れた場合は、成果を出したアフィリエイターとASPに報酬を支払う必要があります。

　中小のASPだと、成果が出た場合のみ、支払い義務が生じるだけのところもあります。

大手のASPと、中小ASPのメリット・デメリット

　「利用するなら、大手のASPがいい」「安価に広告できる中小のASPがいい」などと思う人もいるかもしれませんが、両方とも、メリット、デメリットがあります。

大手のASPのメリットは、「提携できるアフィリエイターの絶対数が多いこと」です。いくらASPを利用しても、誰も宣伝してくれないようだと意味がありません。いわば「営業マン」であるアフィリエイターの絶対数が多ければ多いほど、インターネットで宣伝してくれる機会が増加します。

デメリットは、アフィリエイターの絶対数が多くても、実際に自分の商品、サービスを紹介してくれるとは限らないということです。実際、大手のASPだと、広告主（ECサイト）は、数千あるところもあって、その中で宣伝してくれるようにするには、よほどの有名な企業でないと厳しいということもあります。

また、コストがかかるというデメリットもあります。

一方、中小ASPのメリットは、「安価であること」で、デメリットは、アフィリエイターの絶対数が少ないということです。大手ASPの逆と考えればいいでしょう。

情報起業に向くASP

ASPは、星の数ほどありますが、情報起業に関しては、以下の2社がお勧めです。

- インフォストア（http://infostore.jp/）
- インフォトップ（http://www.infotop.jp/）

というのも、初期費用は小額（もしくは0円）で、しかも、自由度が高いためです。もし、個人で情報起業をはじめるなら、この2社のいずれかを使うといいでしょう。

4-14

安価なコストでネット広告できる「PPC」

PPCとは？

　PPC（＝PayPerClick）とは、1クリックされるごとに課金されていく広告システムのことです。つまり、PPCとは誰かが広告をクリックして、自分のサイトに1人、訪問者が来るごとに、××円という感じで、費用を請求される広告のことです。

　代表的なPPCには、オーバチュア（http://www.overture.co.jp/）、AdWords（http://adwords.google.co.jp/）があります。ここに広告を出すと、選んだキーワードの検索結果にて、自分のサイトを広告できるようになります。

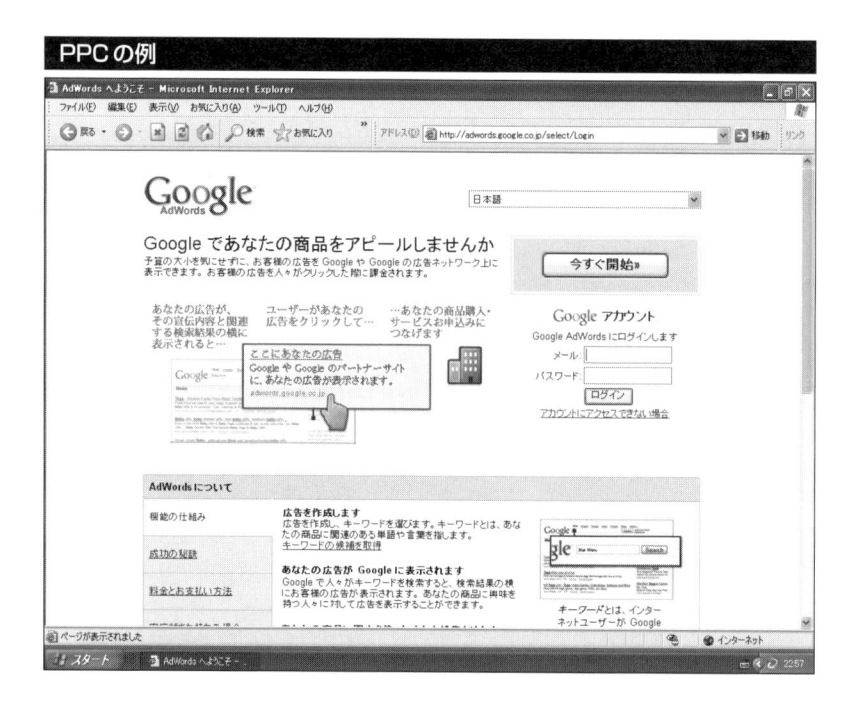

PPCの例

PPCのメリット

　PPCのメリットは、キーワードを申請して審査が通ると、すぐに自分のWebサイトが検索結果に表示されるようになることです。つまり、ある程度の時間がかかって、時間をかけても確実に上位表示できるわけではないSEOと違って、コストはかかるものの、即、結果が出るという面で優れています。

　したがって、PPCは、コストがかかっても、確実に検索結果に自分のサイトを表示させたい時に向いている集客方法と言えます。

PPCの有効的な使い方

　PPCの有効的な使い方としては、テストマーケティング、期間限定の出稿があります。

　テストマーケティングとは、テスト的に集客して、どのくらいの成約率があるのか確かめる作業のことです。サイトの「成約率」を上げる必要がありますが、そもそも集客できないと、成約率がどのくらいなのかを十分に検証することができないので、PPCを利用して、どのくらいの成約率なのかをチェックするわけです。

　その結果、仮に思うような成約率でなければ、いったんPPCは停止して、サイトの追記・修正を行った上で、またPPCを開始します。このようにして、集客できた時の成約率の傾向を確認、さらに追記・修正を行うことで、いざ集客できた時の効果がわかるようになります。つまり、そのサイトに費やす時間や費用が逆算できるようになるわけです。

　また、期間限定の出稿とは、売れる時期に上位表示させることです。その時期に集客できればいいのですが、そうではない場合も多々あります。そのような時に指をくわえて待っているだけでは商品やサービスが売れる時期をみすみす見過ごしてしまうこととなります。そこでPPCで利用します。「6月・12月のボーナスシーズンだけ」とか、「浴衣の販売で夏だけ」とかいう感じで、その商品やサービスが売れる時期だけ

を狙ってPPCを打ちます。

PPCの注意点

　PPCは費用が発生しますが、この費用についても、テストマーケティング、期間限定では考え方が違ってきます。

　例えば、テストマーケティングでは、成約率が向上するサイト作りと、成約率の傾向を見て今後のサイト運用の方針を決めることが目的であり、PPCで稼ぐことを目的とはしていません。よって、多少、赤字覚悟でも行う必要性があるかもしれません。

　逆に期間限定の出稿では、稼げる時期に照準を絞ってPPCを投下するので、どのくらいの収益が上げられるのかを、しっかりと予測して進捗をチェックすることが必要となります。よって、必ず黒字になるようにしなければなりません。「気が付いてみたら全然儲かってなかった」と慌てないように、しっかりと計画および進捗チェックを怠らないでおきましょう。

4-15

リスト収集と活用方法

リスト収集とは？

　リスト収集とは、商品やサービスを購入する可能性の高い「見込み客」や、すでに商品を購入した「購入客」の個人情報（特にメールアドレス）を収集することです。

　でも、なぜ個人情報を収集する必要があるのでしょうか？

　それは、リストがあれば、いつでもメールで、リスト顧客に対してアプローチできるためです。つまり、購入しようか迷っている人にメールで「一押し」できたり、新製品ができれば見込み客や購入客に薦めたりすることができるのです。

　また、新製品を作る前に「1000人分のリストがあるので、新製品を出せば、その3割くらいは購入するだろう」などと売上が予測できるので、新製品にかける開発費や、広告コストを、その売上から逆算して決めることができて、最低限の利益を確保することができるようになります。

　また、メール送信なので、検索エンジンに左右されずに、集客できるので、SEOのリスクヘッジとしても利用できます。

　では、リスト収集をするには、どのようにすればいいのでしょうか？

　メールマガジンを発行するのがお勧めです。見込み客や購入客に、メールマガジンを購読してもらうことができれば、それだけでも十分に販促に利用できますが、より詳しい個人情報（名前、メールアドレス、性別など）を知りたくなれば、「メールマガジンの読者限定で、お得な情報を流します」などのキャンペーンをすると、リスト収集になります。

　ただし、メールマガジンの読者数が少ないと、効果的なリスト収集を行うことはできません。メールマガジンの読者数を増加させる必要があります。

無料レポートでメールマガジンの読者数をアップさせる

もっとも手軽にリストを入手する方法は、無料レポートを作成して、例えば「メルぞう（http://mailzou.com/）」のような無料レポートスタンドに登録することです。

なぜ、無料レポートを作ればリストが収集できるのかというと、「無料レポートを読むには、無料メルマガに登録する必要がある」という感じで、メルマガの登録を必須にしているためです。無料レポートを読みたい訪問者は、メルマガに登録してくれるようになります。

また、無料レポートをダウンロードしてくれる人は、そのテーマに興味のある人なので、必然的に有力な見込み顧客となります。

相互紹介で読者数を増加させる

お互いのメールマガジンで、お互いのメールマガジンを紹介しあうことを「相互紹介」といいます。

相互紹介をすると、メールマガジンの読者数を増加させることができます。具体的に、どのくらい効果があるのか、1例を紹介すると、2008年2月頃に英語のメールマガジン（http://www.mag2.com/m/0000110598.html）にて、複数のメールマガジン（総計56,843部）と相互紹介したところ、126部増加しました。つまり、相手の発行部数の「0.22％」だけ読者数が増加した計算になります。

このように、相互紹介をしても一気に読者数が増加することはないですが、無料でできるので、地道に読者数を増加させる手段としては最適です。

有料広告で読者数を増加させる

有料広告でも読者数を増加させることができます。

ただ、メールマガジンでの有料広告は、注意が必要です。実は、先ほど挙げた事例での相互紹介の効果が相手の読者数の「0.22％」しか効

果がなかったのは、相手のメールマガジンでの紹介のされ方が悪かったためです。

つまり、相互紹介は、通常、5～10行くらいの「いかにも広告」という感じの紹介文が使われますし、掲載位置も、メールマガジンの下部になります。

逆を言えば、紹介のされ方や、掲載位置が良ければ、もっと読者数が増加することがあります。というわけで、メールマガジンに有料広告をする際は、「どのように紹介されるのか」と「掲載位置」が重要です。

人気のメルマガには必ず理由がある

いくらリストを収集しても、迷惑メールとして処理されれば意味がありません。魅力的な内容のメールにしなければなりません。

そこで、いろんなジャンルの人気メルマガを購読してみましょう。「まぐまぐ」にジャンル別ランキングというコーナーがあるので、あらゆるジャンルの人気メルマガを購読してみるといいでしょう。

人気があるのには必ず理由があるはずです。その理由を自分なりに分析し、自分のメルマガに反映できるようにしましょう。

多くの人の役に立つ有益な情報提供をしていれば、もしその中で広告があっても不快にはなりません。逆に「この人が薦めるのであればちょっと見に行ってみようか」と、広告とわかっていても見に行ってくれるでしょう。

リストで必要な項目

リストで収集するのに必要な項目としては「メールアドレス」「名前」「年齢」「性別」「職業」などがあります。「年齢・性別・職業」は、リストを収集した人の属性（71ページ参照）を判断するのに必要なので、収集するのをお勧めします。

例えば、メールアドレスと名前以外にも「30歳・女性・OL」という属性がわかっていれば、化粧品・ブランド品などのファッション系からダイエット系などもセールス可能というように、属性がわかると様々な情報提供が可能になります。

　メールマガジンだと、通常、このような細かい情報はわかりませんので、「メルマガ読者限定の特選情報、マル秘情報を知りたいなら……」のように、クローズな情報を作ることで、情報をうまく集めてみましょう。

4-16

実際のサイトで検証

セールレター以外の要素も重要

　今まで、魅力的なセールスレターの作り方などについて説明してきました。

　魅力的なセールスレターにすれば、どのような商品でも売れるといっても過言ではありませんが、やはり大きな売上にするには、セールスレター以外の要素も必要になります。そこで、最後に、著者（楠山高広）の体験談を紹介します。

実例①売る前から売れることがわかっていた、売上2300万円のサイト

　まずは、セールスレターの出来栄えもさることながら、販売する商品が魅力的だったために売れた実例を紹介します。

　キーワードアフィエイト（http://kwd-aff.com/）は、私がはじめてインターネットで販売した商品です。この商品は、追跡型（97ページ参照）で重要になる「キーワード選定」のテクニックや、インターネットで稼ぐためのテクニックをまとめた電子書籍なのですが、これを販売した当時、すでにそういった電子書籍はたくさんありました。なので、普通に「インターネットで稼ぐ電子書籍」として販売していたらまったく売れなかったことでしょう。

　そこで、私は差別化を図る目的もあり、当時誰もやっていなかった「キーワード」自体を販売したのです。稼ぎやすいキーワードや、上位表示させやすいキーワードを教える書籍はすでにあったのですが、「キーワード」そのものをズバリ教えるサービスなど存在していなかったので、売れることは販売前から予測できました。

　これは何も「業界初のサービスだったため」というだけではありません。人は誰しも「楽したい、面倒なことは考えたくない。」という欲求

を持っているためです。つまり、「稼ぎ方を教えてもらう」よりは、「そのままやれば稼げる」というコンセプトの方が、より興味を引きやすいのです。

私は、キーワード1つ1つに「こうしたら稼げますよ」というアドバイスを全部付けたので、会員の方はその通り実行するだけで、ほとんど考える必要がありません。楽なのです。

その結果、私は無名だったにも関わらず、キーワードやネットでの稼ぎ方をまとめた電子書籍と、毎月キーワードを教えるこのサービスで、販売開始から1週間程度で1000万円程度の売上を叩き出し、その後トータルで2300万円の売上になりました。

今見ると素人丸出しなページで恥ずかしいのですが、お客となる人の心理を突いた商品だったので、見た目の悪さを補って売れたのです。

現在は手間や仕事環境の問題から販売を停止しているのですが、会員の方から月収50万や100万を超える方が続々と出たことが話題になり、未だに、このページにはアクセスがたくさんあります。

実例②24時間で売上1000万円を突破したサイト

次は、セールスレターの出来栄えもさることながら、時代のニーズを捉えために売れた実例を紹介します。

記事提供サービス（http://www.keyword-contents.com/）は、ホームページやブログを作成する際に必要な記事を提供するというサービスで、私と合同会社アクセスで協力して開始しました。「記事なんか売れるの？？」と思うかもしれませんが、このサイトは販売開始後24時間で1000万円を売り上げてしまいました。

これが売れた背景には、Googleアドセンス（224ページ参照）があります。

Googleアドセンスは、広告がクリックされるだけで報酬が入るという手軽さから、主婦やサラリーマンのお小遣い稼ぎとしても注目を浴び

> 時給106万円！　ネットで儲ける3つの戦略

ているのですが、その手軽さゆえに中身のない、広告だけを貼るサイトが急増しました。すると広告主からは、「こんな広告だらけのサイトに、うちの広告を貼るのはやめさせてくれ」とクレームが入るようになります。そのため、ある程度しっかりしたコンテンツ（記事）と共にアドセンス広告を貼らないと、広告を貼る権利を剥奪されてしまうようになって（アカウントの停止）、規約が厳しくなったのです。その結果、RSSで自動生成されたような中身のないサイトにアドセンス広告を貼ることができなくなりました。このため、「アドセンス広告で稼ぎたいけど、いちいち記事を書くのは面倒だし、そんなに書くネタはないよ……」という人が急増したので、この記事提供サービスを作ったのです。

　これが売れた背景には、誰もやっていないサービスを最初に初めたということも影響はしていますが、やはりニーズを満たした商品を提供したというのが一番の要因です。

　世の中の仕組みが変わればそこにチャンスは転がっています。困ったことが起きたらチャンスです。

　なお、このサービスは合同会社アクセスと共同で企画したので、打ち合わせからサービス開始まで1ヶ月もかかりませんでした。お互いに役割を分担して進めたので、あっという間に数千万円単位のビジネスをスタートすることができたのです。

　自分でできないことがあれば、できる人を探すことです。すべてを1人でやろうとするとビジネスは拡大していきません。

　このサービスは1年で3000万円以上の売上を作りましたが、私自身、このサービスを開始するに当たって作業した時間はわずか30時間程度です。

実例③切り口を変えてメール2通で2100万円

　次は販売する商品のコンセプトが良かったので、何も集客しなくても売れた実例を紹介します。

4-16　実際のサイトで検証

オートコレクター（http://auto-collector.net/）では、SEO対策（検索エンジン上位表示）を効率的に行っていくツールを販売しています。このツールはWeb上に数百、数千とある検索エンジンに自動登録していくツールです。つまり、このツールを使えば、手間なく、被リンクを作ることができるのです。

　これを発売した当時、検索エンジンに自動登録するツールはすでにたくさん販売されていましたが、販売されていたツールは自動登録ができても、肝心の登録先は自分で探さなければなりませんでした。登録は自動でも、結局は手動で登録先を見つけてこなければならないという矛盾があったわけです。そこで、このツールでは登録先も自動で見つけてくるという機能を付けて他者との差別化を図りました。

　ただし、これではただの便利なツールというだけであり販売のテクニックではありません。

　普通であればこの商品は「SEO対策用ツール」と売り出すところを、私はこのツールを「SEO対策以外にも使える」というコンセプトで販売したのです。このツールの使い方を工夫すれば、メールマガジンの読者増や、販売している商品の成約率アップもできて、さらに、このツールで検索エンジンの登録代行業もできると、SEO対策以外にもこんな使い方ができるということを販売ページで披露したのです。

　普通、ツールを使った稼ぎ方や効果的な使い方は「買ったら教えてあげるよ」という売り方をするのですが、逆に販売ページ上で稼ぎ方や上手な使い方を公開してしまうことで、アクセスしてきた方に「私がやってることにも使えそう」「私にも稼げそう」とイメージしてもらったのが成功の要因です。

　結果的に、この商品はSEO対策を必要とする方以外からも指示されヒットすることとなりました。

　この商品はコンセプトが決まった時点である程度売れることが確信できましたので、ほとんど準備に時間がかかっていません。ツール製作は

プログラマーさんに発注しましたし、販売ページに至っては2日で作ってしまいました（もちろん、私がセールスレターの作成に慣れていたということもあります）。

　また、いつもなら、広告を出したり、有力な宣伝媒体（メルマガ、サイトなど）を持っている方、数人にメールを出して、掲載してもらうように頼んだりするのですが、このツールを販売した時には、メルマガを所有している方達が集まる掲示板に、「新商品を発売したので紹介してくれませんか」という旨の文章を書き込み、後は自分のメルマガで1回だけ「新商品を出しました」と告知したのみです。販売当時は他の仕事も進めていたため忙しく、時間ができたらちゃんと宣伝を開始しようぐらいにしか考えていなかったのですが、販売から半年ほどで、売上は2000万円を越えました。

　この商品を知った方が続々と紹介してくれたお陰で売れたので、自分では何もしてないのと同じです。私がやったことと言えば、書き込み1回、メルマガ1通、だけでした。インターネットは情報が伝わるスピードが早いので、一度話題になれば販促活動が必要なくなるほど一気に売れてしまうこともあるのです。

実例④売れない商品を販売した理由

　次は、販売する目的は利益のためだけではないという応用的な実例を紹介します。

　SEO分析（http://seo-trend.com/）では、SEO対策（検索エンジン上位表示対策）をするために、自分のサイトとライバルサイトを分析して、より有効なSEO対策を施していくための機能を備えたツールを販売しています。

　おそらく、ほとんどの人は、これがどのような意味を持つツールなのかがわからないでしょう。いわばこれは玄人向けのツールなので、今まで紹介してきたような「売れる商品」ではないのです。したがって、こ

の商品を開発しようとした時に、今までのように売れるとは期待していませんでしたし、実際そんなに売れていません。
「売れそうもない商品を開発するなんておかしいのではないか!?」
　そう思われても仕方がありませんが、これもしっかりと狙いがあってやったことです。その狙いとは何か？
　このツールは、かなり本気でインターネットビジネスに取り組んでいる方ぐらいしか購入していきません。私はこのプロレベルでネットビジネスをやっている方のリスト（メールアドレス）を取ると共に、このツールを購入する方達に私という人間を認識してもらうことを目的としたのです。
　まずリストを取るということですが、ツールを購入する際にはメールアドレスを入力してもらうので、いつでも購入者さんに連絡が取れることになります。このツールを購入する方は力のあるサイトを所持している可能性が高いので、私が新商品を出した時にお知らせすれば、サイトに私の商品を掲載してくれる可能性が高くなります。
　逆に、私が興味を持った人がいれば、このツールを無償で提供することで、その人とコンタクトを取ることもできます。
　つまり、このツールで利益が出なくても次の仕事に繋がる営業マンの役割をこのツールが果たしてくれるのです。
　また、こういった玄人受けするツールは、私という人間を信頼してもらうためにはうってつけなのです。もしこのツールが「全自動で稼ぐツール」なんてものだったら「なんだコイツは……。ウソくさいヤツだな」としかならないのです。
　信頼があれば、いくらでも仕事は舞い込んできます。事実、このツールを発売後に続々と提携の話が持ちかけられてきて、仕事がありすぎてどうにもならないという嬉しい悲鳴を上げることになりました。
　ツール自体は、販売後４ヶ月で売上300万程度なので利益は少ないのですが、このツールから派生したビジネスの規模は計り知れません。

時給106万円！ ネットで儲ける3つの戦略

　これは何もインターネットに限ったことではありませんが、営業ツールとしての商品は、後々大きな利益を生み出します。馴染み深い例で言えば、化粧品の無料サンプルや、スーパーの激安商品も同じ理屈なのです。

　ある程度の利益を確保することができたら、次のステージへ上がるための戦略を考えていかなければなりません。資金が少ない時にこういうことを無理してやる必要はありませんが、直接利益を生まない商品を作る理由はここにあります。

　実際に経営者の方と話してみると、将来的にどうあれ利益が出ない商品は扱わないという目先の損得で動く方が少なくありません。昔からのことわざに「損して得取れ」という言葉がありますが、まさにその通りです。一時的な損得勘定で判断すると、後々の大きな利益も逃がすことになるのですので。

事例⑤リスト取得で、1日で100名が入会した会員サービス

　記事バンク（http://ブログ記事作成販売.jp/）は、アフィリエイトで稼ぎやすい記事を提供するサービスです。コースによって、下は月額3千円から、上は1万円を越えるコースまであるのですが、このサービスは販売開始から1日で100名以上の方に入会していただけました。

　もちろん、何もしないでこれだけの方が入会してくれたわけではありません。私は、このサービスの開始を決めた時にまず、15万円かけて作ったアフィリエイト用の記事を「無料」で配布しました。

　「お金をかけて作ったものを無料で配布するとは、もったいない！」と思われるかもしれませんが、15万円でこのサービスに興味がある人達のリストを買ったと思えば、決して高い買い物ではありません。この無料配布でリストが集まれば、それはこのサービスに需要があるということの証明にもなるので、市場調査も兼ねることができているのです。この無料配布の反応が悪ければ、サービスの企画を中止したり、改善したりと対策が立てられるというわけです。

また、販売開始と共にこのリストにメールを送れば、ある程度の成約が見込めるのは当然なので、安心してサービスを開始することができました。

良いアイデアを思いつくと、「これは売れる！」と思い込みがちですが、実際に販売を開始したらまったく反響がなかったということはよく聞きます。販売開始前に調査と興味がある方のリスト集めをしておくと販売後の予測が付きやすいので、個人事業と言えど事前の準備に時間をかけることが重要です。

ただし、多くのリストを集めたいばかりに、あまりにも「無料」だということを強調しすぎると、何でも良いから無料なら欲しいという購買意欲のない方達ばかりが集まってきてしまうので注意が必要です。また、無料だからといって手を抜いたものを配布すればサービスに対する信頼が損なわれます。

実例⑥ 成功を確信したHPが失敗した理由

成功事例ばかりを見ていただきましたが、私も大失敗したことがあります。最後に失敗例を紹介します。

アメリカの名門大学に簡単に留学する方法（http://アメリカ大学留学.jp/）は、その名の通り、アメリカ留学に関するノウハウを販売しているサイトです。このノウハウは私が作ったものではなく、留学コンサルタントの山内氏が執筆し、私どもが販売ページの作成やマーケティングを担当するというパートナー契約を結んだ商品でした。

山内氏という方は独自の留学ノウハウを持っていて、このキャッチコピー通りすごく安い値段で留学する術を知っていたのです。また、受け持った生徒は100％アメリカの「名門大学」に合格させてきたというすごい実績の持ち主なのです。ノウハウ的にはまったく問題ありません。私はこのノウハウを読んで「これは売れる」と確信したので、販売ページにも、「全額返金保証」と自信満々に書きました。

しかし、このサイト……1300アクセスを流しても1本も売れなかったのです。

通常、このようなサイトは成約率が1％あればまあいいだろうと言われています。つまり、100アクセスに1本売れればまずは合格点というラインです。しかし、このサイトの場合成約率1％どころか、いくらアクセスを流しても「売れない」のです。

これには私も頭を抱えました。結局2000アクセスまで流しても売れず、途方にくれたのです。

自分1人で販売している商品なら失敗してしまったで終わらせても良いですが、パートナー契約している商品なのですから「失敗しました」ではとても終われません。それから販売ページを担当した方と共に毎日毎日このレターの修正をしたのですが、それでもさっぱり売れません。

しかし、修正をはじめて1週間が過ぎた頃、突如として道は開けました。ふとしたきっかけでインターネットビジネスの交流会に参加したところ、実際に留学を経験した方がいたので、この販売ページを見てどう思うか意見を求めたことで、売れない理由がわかりました。その方はページを見た瞬間、あっさりと「安いより、安全な方がいいから買わない」と言ったのです。

的確すぎる意見に私は恥ずかしくなったのを覚えています。考えてみれば当たり前のことです。いくら安かろうと、名門大学に合格できようと、大事な子供が異国の地で安全に快適に過ごせなければ留学になんか行かせられません。こんな基本的で当たり前なことが、私とページ作成担当の2人でいくら考えても出てこなかったのです。

基本的なコンセプトがズレていたのですから売れるわけがありません。お客さんとなる方の状況を無視したレターでは、いくらうまい文章を書いても売れるわけがありません。インターネットビジネスに関する商品であれば、お客さんの心理から、考えていることまで把握して商品開発や販売を行うのですが、留学という慣れない分野を扱った途端にそ

の基本を置き去りにしてしまっていたのです。

　この一件は本当に考えさせられたケースでした。

　商品を販売する側は、「こんなにスゴイんです！」「こんなに便利なんです！」と自己満足に陥りがちです。販売している商品に、私の失敗例のようなケースはないでしょうか？　いくら完璧に思えても、自己満足な販売ページでは売れません。必ず、お客の立場から見た状況を克明に理解してから販売ページを作らなければならないのです。

　なお、実際に生の声を聞いてから修正したキャッチコピーは「名門大学に合格」というくだりをキャッチコピーから削って、「安い、安心」を押し出す文章にしました。販売ページの精読率や滞在時間を、アクセス解析を使って調べていますが、この文章にしてから最後まで読んでくれる方は以前の1.5倍ほどに増えています。

　文章1つで売り上げは2倍にも3倍に増えることもあるし、落ちることもある。インターネットの世界では、コピーライティング1つで一生稼ぎ続けることも可能なのです。

第5章
時給をアップさせる効率術

5-1
3時点での効率アップ
～情報収集、計画、作業

効率アップこそが最重要課題

よく「もう1人、自分がいれば、もっと稼げるのに……」という人を見かけます。確かに、自分がもう1人いれば、今までの2倍の作業をこなせるようになるので、収入は上がります。

しかし、よく考えてみてください。年商50万円しか稼げないなら、もう1人増えても、年商100万円にしかなりません。つまり、もともと、収入が低ければ、自分がもう1人いても、たいして収入は増加しないのです。

では、収入を増加させるためには、どのようにすればいいのでしょうか？

まずは、時間の使い方を見直して、できるだけ効率的に作業して、「時給を上げること」に専念しましょう。時給が10倍になれば、同じ作業時間でも、年商50万円が、年商500万円になります。時給が10倍になれば、年商が変わらなくても、作業時間が10分の1になります。このように、時給に着目することで、より効率アップできるようになります。実際、執筆者も、本業があったり、自由な時間を過ごしていても稼げていたりしているのは「時給」がいいためです。

では、具体的に、どうすれば時給を良くすることができるのでしょうか？　3時点での効率アップをお勧めします。

3時点で効率アップさせる

「どのように稼げばいいのか？」などの情報を頭の中にインプットして、それを「ホームページ、ブログ、メルマガ」という形でアウトプットして、収入を得ていきます。お勧めなのは、インプットの時点である「情報収集段階」、インプットしたものをアウトプットに転化するための

「計画」、アウトプットの時点である「作業」の3点での効率アップです。

情報収集段階では、作業時間を確保するためにも、情報源を選別しましょう。「あれもこれも」と思って、色々なメルマガに登録していませんか？ 情報収集はあくまで「手段」であって、「目的」ではありません。

また、無駄な作業をなくすことが効率アップの秘訣です。そこで、計画を立てて、必要な作業と無駄な作業を切り分けて、必要な作業が計画的にできるようにしましょう。

さらに、手作業で100時間かかることでも、ツールを使えば1時間でできることもあります。できるだけ作業時間をかけないようにすることも、効率アップで重要です。

リスクヘッジも効率アップに繋がる

例えば、Aという目標を達成するために、Bだけをすればいいところを、Bが失敗した時に備えて、Cもすると（このようにすることをリスクヘッジと言います）、一見すると効率が悪そうに感じると思いますが、実際は効率アップに繋がることがあります。

そこで、リスクヘッジの方法も紹介します（217ページ参照）。

5-2 情報の選別

情報選別の重要性

　以前、私は毎月100誌以上のメルマガを読んでいましたが、まったく稼げませんでした。でも、ある時、信用の置ける情報源の人のメルマガだけを残し、後はすべて登録解除して、最終的に、メルマガを月3誌くらいに減らしたのです。その3ヶ月後、どうなったかというと、大きく収入を上げることができるようになりました。

　なぜ、収入を上げられるようになったのかというと、理由は簡単です。メルマガを読む時間が減った分、作業ができる時間が増えたためです。

　このように、情報だけ知っていても、それを形にして世に送り出さないと稼げるわけがないのは当たり前のことですが、これになかなか気付くことができない人が多くいます。つまり、情報源が多いと、「これが良い」とか「あれが稼げる」とか情報ばかりが入ってきてしまって、消化しきれず手当たり次第に計画性もなくあれこれ手を出して（もしくは、情報収集に忙しくて、手を出す時間すらなくて）、結局、稼げないという状況に陥る人が多いのです。情報の選別は「効率」を考える上で最重要ポイントなのです。

　なお、インプットの情報が減ったらアウトプットできる情報も減るので、結果的に収益は減るのではと考える人もいるかもしれませんが、「このキーワードでサイトを作ったら全然売れなかった」「このSEOを実行したらGoogleで上位表示された」「相互リンクってなかなか相手にしてもらえない」など、やってみてはじめてわかることが多いのです。つまり、アウトプットすることで得られる情報がたくさんあるのです。

　そこで、アウトプットするだけの時間を確保するために、インプットする情報を選別する必要があります。

情報は2種類ある

では、情報の選別はどのようにしていけばいいのでしょうか？

まずは、情報を分類しましょう。情報には、「サイトを作成するには、具体的に何をどうすればいいのか」「インターネットで収入を得るには、どうすればいいのか」などの「実際に開始する前に役立つ基本的な情報」と、「現状より収入（売上）をアップさせるのは、どうすればいいのか」「最新のSEOの情報は？」という「実際にはじめた後に役立つ応用的な情報」の2つに分類できます。

サイト運営をはじめるには基本的な情報が必要ですし、インターネットは移り変わりが激しい世界なので、応用的な情報も必要です。しかし、「あれもこれも」情報を得ようと思って欲張ると、効率が悪くなるので、まずは、読んでいる本、メルマガ、ブログなどがあれば、「基本的な情報」と「応用的な情報」に分類してみましょう。

基礎的な情報の選別方法

分類したら、次に情報を選別します。

基本的な情報は、あくまで土台を固めるためのものなので、あれこれ手を出す必要はありません。2～3冊の本を読めば十分でしょう。また、土台となる基礎知識は、時代の流れに影響しないので、情報源が「新しい」「古い」にはそれほど影響されません。

そこで、すでに手元に基本的な情報源がある場合は、それを読んで、まずは「実行」してみてください。もし、それを読んでも、うまくできない場合は、基本的な情報が不十分か、自分にあっていないということなので、それらのものは捨て、別のものを選ぶことも重要です。

なお、本書では、基本的な情報として、以下のものをお勧めしています。

お勧めの「基本的な情報」

どのような戦略で行けばいいのか、方針固め
- 本書（第1章、第2章〜第4章の一部）

集客（SEO）に関する基礎知識
- 書籍『初心者でもできる！繁盛ブログになれるSEO入門』（秀和システム）

ホームページ作成、ブログ作成に関する基礎知識
- 本書の購入者特典『ゼロから始めるサイト運営』
- 書籍『初心者でもできる！繁盛ブログになれるSEO入門』（秀和システム）の購入者に無料で配布している「特典ファイル」
- 書籍『人とお金が集まるブログ作りの秘伝書』（シーアンドアール研究所）

> 基本的な情報は2〜3冊の本を読めば十分！

応用的な情報

　土台が固まって、実際にサイト運営をした後は、応用的な情報を集める必要があります。

　では、応用的な情報は、どのように選別すればいいのでしょうか？

　前述したように、あまりに数が多すぎると、作業ができなくなるので、思い切って、以下の情報源に絞るといいでしょう。

- **今運営しているサイトに関する情報：例えば、SEO（集客）の情報**

　SEOに関する情報を発信している人は、「実際に上位表示の争いをしていて、体験談を書いている人」と「海外から最新のSEOの情報を仕入れている人」と「悪質なSEO業者のように情報を持っていないのに、さも情報を持っているかのごとく振舞う人」の3パターンあります。このうち必要なものは「体験談」と「海外の情報」です。

　体験談は、SEOフォーラム（掲示板）、mixiのSEOに関するコミュ

ニティに、よく掲載されるので、こまめにチェックするといいでしょう。

　海外のSEO情報は、メルマガで流れていることが多いので、「まぐまぐ (http://www.mag2.com/)」などで、「SEO」と検索して、自分にあうものを選ぶといいでしょう。

　なお、メルマガの場合、読者数を目安にする人もいますが、実は、コストをかければ、簡単に読者数を増加させることができるので、目安にもなりません。実際に読んでみて、自分にあうメルマガを探し出すことが重要です。

● 新しく作成するサイトに関する情報：例えば、キーワードの情報

　前述したように、Amazonのレビューや、教えて！gooなどのクチコミサイトや、今流行しているキーワードを掲載しているサイトなどを参考にしてキーワードを探し出しましょう（119ページ参照）。

● その他の情報：例えば、販売テクニックなどの情報

　本書がお勧めですし、本書で十分と考えています。

　なお、参考までに、著者も色々な情報を流しています。すべて無料で情報が得られますので、気になる人は登録してみてください。

- まだ勤めます?ネットで自由と月収100万セミリタ講座
  (http://www.mag2.com/m/0000184826.html)

- 稼ぐ！効率アップの思考と戦略術
  (http://blog.mag2.com/m/0000203844.html)

- 第5世代のメルマガアフェリ術
  (http://www.mag2.com/m/0000227681.html)

- インターネット集客術！売上向上術！
  (http://www.mag2.com/m/0000142264.html)

情報選別した後は実行あるのみ！

　情報選別をしたら、やるべきことは１つです。「自分がやると決めたことをよそ見せずにやり続けること」です。３ヶ月間程度は、１つのことに取り組んでみてください。

　なお、初心者の時に役立つと思っていた情報源も、自分がレベルアップすれば物足りなくなるということがあります。収入（売上）か大きく変われば、情報源を見直すことも必要です。

5-3

目標設定の立て方

目標設定の効果

　目標を設定しないと、あれもこれも、無計画に手を出してしまって、効率が悪くなります。そこで、目標を設定して、効率をアップさせましょう。目標を設定することで、「必要な作業」と「無駄な作業」を切り離して、「必要な作業」だけに集中することができるようになるので、効率がアップします。

　でも、どうやって目標を立てればいいのでしょうか？

　ここでは目標を立てる時に注意すべき点を紹介します。

目標設定の時には目的もあわせて考える

　まずは「大きな目標（年間売上目標、月間売上目標など）」を立てますが、このとき「月100万円稼ぐ」などのように「金額」だけしか考えないと、失敗することが多くなります。というのも、数値設定だけしかせず「なぜ、月100万円稼ぐのか」という部分が抜けていると、数値に重みを感じられずに、何となく「月100万円稼げたらいいな～」程度で終わってしまうことがあるためです。

　そこで、「目標」を「目的」と言い換えて考えてみましょう。

　「月100万円を稼ぎたい」と思った目的は何でしょうか？　「会社を辞めて自由な生活をしたい」「ハワイに永住したい」「ベンツに乗りたい」などのように何らかの目的があったのではないでしょうか。これらの目的を明確に持って、その目的を達成するために、「月100万円を稼ぎたい」と考えた方が目標に具体性が出て重みが感じられて、実行することができます。

　さらに、忘れてはいけないのが、「いつまでに」という「時間設定」です。月に100万円稼ぎたいのが、「今すぐ」なのか「1年後」なのか

で、取るべき手段が変わってきますし、目標設定時に、この時間設定を明確にしておかないと、目標は掲げたはいいけど達成しない状態がズルズルと続いてしまいます。

　というわけで、目標設定時は、「目的」「時間設定」もあわせて考えるようにしましょう。

サイト作成時にも、目標を設定しよう！

　大きな目標を立てた後は、小さな目標（サイト作成のスケジュールなど）を立てましょう。小さな目標設定時にも、例えば「目標：月に10万円の報酬」のような数値だけではなく、「目的：月100万円に到達して海外旅行に行くために、どうしても月10万円必要」「時間設定：6ヶ月後までに」のように「目的」と「時間設定」をするといいでしょう。

　筆者の場合は、年間＆月間売上目標（年間売上目標と月間売上目標の設定）、月間作成Webサイト予定（売上を達成するためには今月にどんなサイトを何個作るか）、週間作業予定（今月作成するサイトを予定通り作るには今週どのような作業が必要か）などを決めてスケジュール表を作って進捗をチェックするようにしています。

　「目標を立てて、進捗経過をチェックして、目標との差異を確認して修正していく」。この繰り返しが効率の良い稼ぎの仕組みを生み出しています。

5-4

作業進捗チェック

目標設定の後は作業進捗チェック

　目標を設定しっぱなしだと、効果はありません。また、作業を最後までやり終えてから、目標とまったく違う方向性で進んでいたり、重大なミスを犯していたりしたことに気付いていては、非効率です。つまり、目標に向けて作業を進めていく中で、途中経過を知ることは、とても大切なことです。

　というわけで、目標を立てた後には、必ず、作業進捗をチェックしましょう。

　作業進捗のチェックは、しっかりとした計画を立てていれば楽にできますが、実は「落とし穴」もあります。ここでは、作業進捗と収益の進捗をチェックする際に気を付けるべき点を紹介します。

作業の進捗チェックの注意点

　「サイトを10個作りました」「10個のサイトから被リンクをかけました」という表現に「落とし穴」があります。その落とし穴とは何かと言うと、すべてが「自分の作業」中心に進捗を捉えているということです。

　「サイトを10個作りました」とありますが、「そのうち何個のサイトがインデックスされているのか」、「10個のサイトから被リンクをかけました」とありますが、「そのうち何個の被リンクが検索エンジンに認識されているのか」という「客観的かつ重要な進捗」が欠けているのです。

　サイトを10個作っても、まったく検索エンジンにインデックスされていないのであれば意味がありません。10個のサイトから被リンクをかけても、その10個のサイトがインデックスされていなくて、検索エンジンが認識していなければ、まったく意味をなしません。

つまり、作業の進捗チェックをする時は、「客観的にどういう効果があったのか」もチェックしておくことをお勧めします。

収益のチェック法

「このサイトで月に1万円稼いでいます」という表現にも「落とし穴」があります。その落とし穴とは「1万円稼ぐのにコストはどれくらいかけているのか」が抜けているということです。

つまり、報酬などの売上だけを見るのではなく、ドメイン代金やレンタルサーバー代金やインターネット接続料金などのコストもしっかりと理解して「売上―費用＝粗利益」という考えで進捗チェックをしていくべきなのです。実際にコストを計算してみたら、売上が1万円なのに、PPC（有料の広告）で10万円以上を使っていたということもあるので要注意です。

というわけで、利益についてしっかりと管理していないと、売上は上がっていても全然お金が残らないということになりかねないので注意が必要です。

5-5

外注のススメ

外注のススメ

　作業を外注すると、同じ時間内でできる作業量が増えるので、外注した金額以上に稼ぐことができるようになります。そこで、外注をするといいでしょう。

　ただし、2、3サイトで成功を収めるまでは（月10万円程度の利益を出すまでは）、外注せずに、すべて1人で、やり切ることが重要です。というのも、自分の考えている方向性では稼ぐことができず、外注費だけが発生してしまうという悲惨な結果になりかねないですし、なにより、稼げるサイトを作り上げるところまで経験しないと、自分自身の成長がありません。

　1から10まで経験して、稼げるサイトを作って、その利益から外注費を捻出するといいでしょう。

外注のポイント

　外注化のポイントは「仕事の見極め」です。つまり、現在、自分が行っている作業の中で「自分しかできない作業」と「自分ではなくてもできる作業」に作業を切り分けして、その上で、「自分ではなくてもできる作業」を外注していきます。

　では、「「自分ではなくてもできる作業」とは、どのような作業でしょうか？

　例えば、「コンテンツ記事作成」「相互リンク依頼」「デザイン」など、色々あると思います。

　これらの作業を外注していきます。

誰に外注するのか

では、誰に外注して、どのように運用していけばいいのでしょうか？

外注をはじめる時は、こちらにも外注を依頼するノウハウがありませんし、依頼内容を悪用されると大変なことになってしまうので、まずは、配偶者や、子供がいて仕事に出ることができない友人に、アルバイト感覚で話を持ちかけてみるといいでしょう。案外やってくれる人が周りにいるものです。

外注に慣れてくれば、mixiのコミュニティや、楽天ビジネスで探すといいでしょう。

誰に外注すべきか

- 最初は知り合いからにしておいた方が無難です。慣れれば、mixiや楽天ビジネスで探しましょう。
- 最初はじっくりと時間をかけて自分の望む業務を理解してもらいましょう。
- 外注したい人を増やす場合は、現在外注している人の友人を当たってもらいましょう（同じ仕事の場合は、これをやることで自分がまた1から新しい人に説明しなくとも、現在外注のお仕事をしてくれている人が説明してくれるメリットがある）。
- 「アフィリエイトなんて知らないよ」という人がお勧め

外注を依頼する時のポイント

　例え知り合いであっても、外注を受ける立場の人からすれば、「何だか怪しい仕事なのかな～」と思っているかもしれません。できるだけ内容を明確にし、外注を依頼する人に不安がないようにすることが大きなポイントです。

　具体的には、「時間の空いている時にできる作業（文字入力やデザインなど具体的に）」「ノルマなし」「具体的な金額提示（記事作成の場合1記事300円とか総額でいくらになるかなど）」などを説明すると、「何か片手間でできてお小遣い稼ぎになりそう！」って思ってもらえ、引き受けてもらいやすくなります。

サイト量産ツールの活用

　外注を成功させる秘訣は、「誰にでも一定の品質のサイトが作成できる状態にすること」です。具体的には、サイト量産ツールや記事販売サービスを活用することです（85ページ参照）。例えば、サイト量産ツールで文章を作成したものを、よりオリジナリティが出るように、リライトしてもらって、アップロードしてもらうなどのようなことも簡単にできるようになります。

　この一連の作業をマニュアル化することで、サイトの品質が一定化するので、自分の負担が減ります。

　外注化はとにかく信頼できて作業的に優秀な人をどれだけ集められるかがポイントですから、依頼される人が仕事をしやすい環境や条件を提示するようにしましょう。

それでもやっぱり外注化できないという人はどうする

　外注する人を探しても、いい人が見つからないという人もいます。そのような場合は外注化できないのでしょうか？

　前述した方法での外注化はできないかもしれませんが、他にも方法は

あります。例えば、記事作成ならば「記事作成サービス」として記事を販売している企業を利用することです。月額数千円で、毎月、新しい記事コンテンツを配信してくれます。

　他にもサイト量産ツールを使うのも手です。

　個人的に外注先を探すのが難しいような人は、このようなサービスを利用してみるのもいいかと思います。

5-6

ツールで作業効率アップ

ツールを使いこなして作業効率アップ

　サイト名を変えたので、全ページ（500ページほど）に掲載しているサイト名を変えなければならないことがありました。そこで、手動で変えていったところ、なんと、1ヶ月かかってしまいました。

　実は、この作業、「置換ソフト」を使えば「3分」で終わります。それを、1ヶ月も時間をかけていたということは、極めて作業効率が悪いと言えます。

　このように作業は、ツールを使えば効率化できるので、できるだけツールを使いたいものです。

置換ソフト

　ホームページを作成する場合、欠かせないのが「置換ソフト」です。置換ソフトとは、「ある文字」を「別の文字」に置き換えてくれるソフトのことです。

　この置換機能は、メモ帳やwordなどでも利用することができますが、普通のソフトでは1つのファイルしか置換できないので、「Text SS (http://www.vector.co.jp/soft/win95/util/se072729.html)」を利用するといいでしょう。無料で利用できる上に、全ファイルの一括置換をすることができます。

　ちなみに、この置換ソフトを使うタイミングですが、例えば、ホームページの全ページにあるメニューを一括して変更する時に使ったり、全ページの同じ箇所に言葉を足したりする時に使ったりするといいでしょう。

　置換ツールは「置換」だけしかできないと思われるかもしれませんが、工夫すれば、「言葉の付け足し」などもできます。

数のメールアドレスを使い分けるのもフリーソフトが便利

　サイトが繁盛すればするほど、訪問者からいろんなメールが送られてきますし、最近では、迷惑メールが当たり前のように届くので、大事なメールを見落としかねません。

　メールの内容も様々で、1つのメールアドレスで受けると効率が悪くなりがちなので、注文専用メールアドレス、問い合わせ用メールアドレス、質問専用メールアドレス、相互リンク専用メールアドレスなど用途に合わせて用意しておきましょう。メールを見落とすこともなくなる上に、例えば相互リンク専用のメールをチェックするのは1ヶ月に1回などのように、メールチェックする必要性や頻度に応じて管理していれば、作業効率もグンと上がります。

　なお、このように複数のメールアドレスを使い分ける時は、Webメールをメールソフトで受信すると便利です。

5-7

100％完成しなくてもOK

完全でなくても公開しよう！

　サイトを完成させてから公開しようと考えるかもしれませんが、不完全でもサイトを公開することをお勧めします。

　というのも、最初から完璧に作ることはできないためです。特に、はじめて作成した場合は、そのときは完璧だと思っていても、そのうち、あれが変、これが変という箇所が出てきて、また時間をかけて改善する羽目になることが多いのです。そうすると、同じような箇所を何度も改善することになって、効率が悪くなります。

　また、公開した後、どれだけの人が、自分のサイトにきているかどんなキーワードで来ているのかをアクセス解析を使って調べますが、意外と、狙っていないキーワードでアクセスを集めることがあります。そのような場合、サイトが不完全だと、そのキーワードを含めて、サイトを作り直せば、さらにアクセスを集めてくることができますが、もし、サイトが完成していると、別のサイトを立ち上げる羽目になってしまいます。

　なお、不完全でも公開すると、検索エンジンに、サイトを作っていることを早くアピールできるので、SEO的に見ても、若干有利と言えます。

段階的に完成させるための手順の例

　では「ベトナム旅行記のサイト」を作るときを例にして考えてみます。

　自分の経験を元にしたサイトを作るといいので（70ページ参照）、「女の一人旅」をテーマに、「ベトナム旅行への準備」「ベトナム旅行の予約」「ベトナムの一人旅を選んだ理由」「ベトナムでの出会い！」「ベトナムのおいしい食べ物」などの記事を書いていくとします。

　本来は、それぞれの記事を書いて、すべてを完成させてから、サイト

を公開すべきなのですが、それぞれの記事には、文章も写真等も一切なく、ファイルだけの状態で、サイトを公開してしまうのです。

その後、徐々に本文を書いたり、写真を入れていったり、書きたい記事が増えれば、必要に応じて、追加していったりすれば、効率がよくなります。

サイトを段階的に完成させるには？

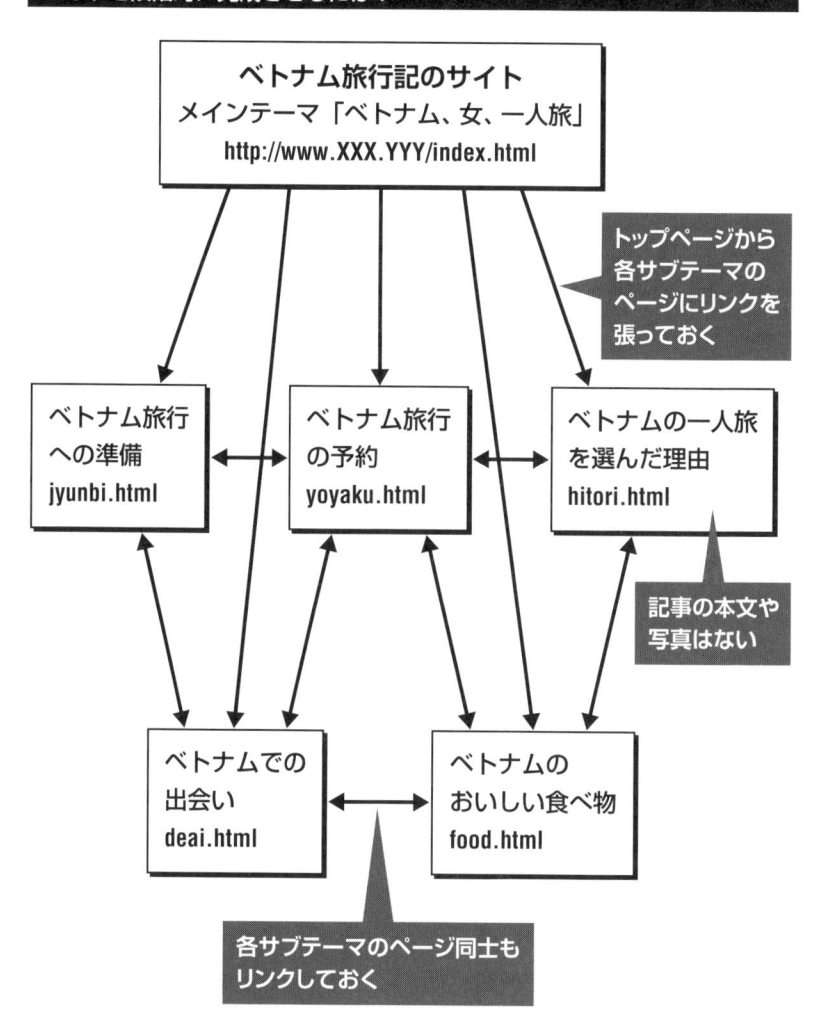

```
        ベトナム旅行記のサイト
    メインテーマ「ベトナム、女、一人旅」
      http://www.XXX.YYY/index.html
```

- ベトナム旅行への準備　jyunbi.html
- ベトナム旅行の予約　yoyaku.html
- ベトナムの一人旅を選んだ理由　hitori.html
- ベトナムでの出会い　deai.html
- ベトナムのおいしい食べ物　food.html

トップページから各サブテーマのページにリンクを張っておく

記事の本文や写真はない

各サブテーマのページ同士もリンクしておく

5-8

リスクヘッジで
総合的な効率アップ

一瞬にして収益ゼロになるリスクとは？

　Webサイトの運営には、コストという面ではリスクは皆無に等しいですが（外注している場合は除く）、それ以外に、色々なリスクがあります。

　例えば、「検索エンジンのアルゴリズムの変化」「無料レンタルサーバーなどの運用基準の変更」「一方的なASPのアカウント削除」「掲載する広告がなくなること」などがあります。つまり、あるキーワードで上位表示していて、月10万円稼いでいるサイトがあったとしても、検索エンジンのアルゴリズムの変更で順位が落ちたり、突然、無料レンタルサーバーが商用利用禁止になって利用できなくなったり、掲載している広告がなくなったり、いずれかのことが起きれば「一瞬で」収益がなくなります。

　そのためにもWebサイト運用にはリスクヘッジが必要なのです。

　リスクヘッジの方法としては、複数のWebサイトを運用すること（収入の分散）、ブログだけではなくて、ホームページやメルマガなどネット媒体を分散させること、複数の収入源を持つこと、複数のASP、DSP活用することなどがあります。

複数のWebサイトの運用

　Webサイトは内容を作り込もうとすると莫大な時間を費やすこととなります。そのようなWebサイトが検索エンジンからのスパム判定や、アルゴリズムの変更で、検索エンジン上に表示されなくなってしまえば目も当てられません。

　そこで、サイト量産ツールや記事バンクを利用して、質だけではなく、量を用意するといいでしょう。Webサイトの複数運用で突発的なリス

クを回避します。

　なお、量産方法の詳細は85ページにあります。

ブログだけではなくて、ホームページやメルマガなどネット媒体を分散させること

　ブログだけにこだわらずに、ホームページやメルマガなど、1つの形式にこだわらないで作成していくことでリスクを回避していくことをお勧めします。

　というのも、例えば、ブログで作るのが簡単だからとブログ形式ばかりで作っている人が多かったようですが、そういう人達は、Yahoo! JAPANが導入した「ブログフィルター（ブログは検索エンジンの検索結果から表示しなくなるフィルター）」で、大打撃を受けたことでしょう。このような機能はいつどのように検索エンジンに導入されるかわかりませんので、Webサイトを作成する形式も複数で行っていきましょう。

　また、ブログもホームページも同じ検索エンジンでの集客が主体になるので、検索エンジンとは異なる集客方法（メルマガ）も持っておいた方がいいでしょう。

　このように、複数の種類の媒体を活用すると、リスクを回避することができます。

複数の収入源を持つこと

　アフィリエイト、ドロップシッピング、情報起業など、ネットには色々な収入を得る方法があります。もし、アフィリエイトだけをして収入を得ていても、SEOの戦いに敗れると、一気に無収入になることがあります。そこで、情報起業など、検索エンジン経由ではない集客をして収入を得ているものを併用することで、「アフィリエイトがダメでも、情報起業の収入がある」ような状況にできるわけです。

　また、その仕組み自体、いつなくなるかわかりません。つまり、アフィリエイトで大金を稼いでいても、アフィリエイトという仕組み自体が

なくなるリスクも少ないながら存在するわけです。

そこで、複数の収入源を持つことで、リスクを回避しましょう。

複数のASP、DSPを活用すること

ASP、DSPと提携している広告主が、広告の掲載を止めてしまうことがあります。そうすると、その商品やサービスを紹介することができなくなりますので、報酬があっという間になくなってしまうこととなります。そうならないように、よく似た代替サービスを探しておく必要があります。

また、1つのASPでは提携している広告主に限りがありますので、複数のASPと提携して多くの企業のサービスを利用できるようにしておきましょう。

付章 1

基礎知識

A1-1

アフィリエイトとは？

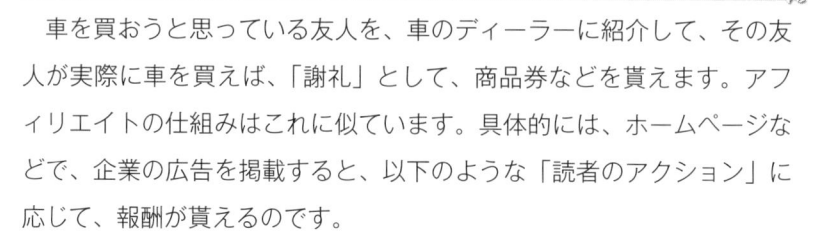

アフィリエイトとは？

　車を買おうと思っている友人を、車のディーラーに紹介して、その友人が実際に車を買えば、「謝礼」として、商品券などを貰えます。アフィリエイトの仕組みはこれに似ています。具体的には、ホームページなどで、企業の広告を掲載すると、以下のような「読者のアクション」に応じて、報酬が貰えるのです。

> - **読者が広告をクリック**……1クリック当たり、2円などの報酬を貰うことができます（ただし、すべての広告で報酬を貰えるわけではありません）。
> - **広告をクリックした読者が資料請求したり、実際に商品を購入したりする**……例えば、読者が資料請求をすれば1件当たり700円の報酬、商品を購入すれば購入代金の5％の報酬を貰うことができます（報酬の金額は、企業によって異なります）。

　なお、このようにアフィリエイトをする人のことを、アフィリエイター、広告主のことをECサイトと呼びます。

広告主とアフィリエイターを仲介するASPとは？

　アフィリエイトをはじめるに当たって、アフィリエイトを導入している企業を見つけて広告掲載の許可を取る必要がありますが、ものすごく手間がかかってしまいます。そこで、お勧めするのは「ASP（アフィリエイト・サービス・プロバイダー）」です。

　ASPとは、広告を掲載したいアフィリエイターと、広告を掲載してもらいたいECサイトを結び付けてくれますし、報酬の支払いもしてく

れます。具体的には、以下のような流れになります。

> ①ASPと契約します（Web上で簡単に契約できます）。
> ②ASPの管理画面には、ECサイトの一覧があります。そこから、掲載したいECサイトを選んで提携します（クリックだけで提携できます）。
> ③提携できれば、ホームページ、ブログ、メルマガに広告を掲載します。

なお、代表的なASPとして以下があります。いずれも一切、費用はかかりません。

> - A8.net（http://www.a8.net/）
> - バリューコマース（http://www.valuecommerce.ne.jp/）
> - Traffic gate（http://www.trafficgate.net/）
> - 電脳卸（http://www.d-064.com/）
> - アクセトレード（http://www.accesstrade.net/）
> - アフィリエイトB（http://www.affiliate-b.com/）
> - Link Share（http://www.linkshare.ne.jp/）
> - Amazonアソシエイト（https://affiliate.amazon.co.jp/）
> - 楽天アフィリエイト（http://affiliate.rakuten.co.jp/）※ただしポイント払い

コンテンツマッチとは？

普通のASPを利用すると、自分で広告を探す必要があります。

しかし、記事の内容に合致した広告が自動的に配信される仕組みもあります（コンテンツマッチ）。コンテンツマッチの広告を掲載すれば、例えば箱根の旅行に行った時の日記を書けば、自動で箱根のホテルの広告が出ます。

なお、上記で紹介したASPでもコンテンツマッチの広告はありますが、現在のところ、一番、記事と合致した広告が出るのが「Google Adsense (http://www.google.com/adsense/)」です。Google Adsenseは記事に広告を貼り付けるだけで、最適な広告が表示されるようになるので、現状では、一番、手間がかからない広告と言えます。

アフィリエイトの仕組み

①広告を出稿 → ASP
②広告を掲載 → ホームページやブログなど（アフィリエイター）
③読者が広告をクリックしたり商品を購入
④報酬を請求
④ASPから報酬が貰える

広告主（ECサイト） ⇔ ASP ⇔ ホームページやブログなど（アフィリエイター）

COLUMN 違法のネットビジネスとの違い

インターネットには、アフィリエイト以外にも、様々な収入を得ることができる仕組みがあります。しかし、中には、違法のネットビジネスや、詐欺もあるので、注意が必要です。

では、どのようにして、適法、違法を区別すればいいのでしょうか？

アフィリエイトは開始するのも、やめるのも一切、費用がかかりません。しかし、違法なものは（ネズミ講、MLMなど）、参加するのに費用がかかったり、参加に費用が必要ではなくても、何かしら理由を付けて金銭を要求されたりします。

つまり、違法・詐欺かどうかは、「費用がかかるかどうか」が判断の目安になります。

A1-2

ドロップシッピングとは？

ドロップシッピングとは？

　通常、ネットショップをはじめようと思えば、商品を仕入れて、その商品を家や倉庫などで保管しなければなりません。また、商品が売れないと、在庫が発生します。しかし、インターネットには、商品を仕入れずに販売できる仕組みがあります。当然、商品を仕入れないので、売れない場合も在庫は発生しません。このような仕組みのことをドロップシッピングと言います。

　つまり、ドロップシッピングは、普通にネットショップをするよりも、在庫が発生しない分、ローリスクで運営できます。

　ドロップシッピングは、まだ歴史が浅く、独自でしている企業は少ないので、DSP（ドロップシッピング・サービス・プロバイダー）を利用するといいでしょう。DSPとは、ASP（222ページ参照）と、ほとんど同じです。代表的なDSPとして以下があります。

- 電脳卸ドロップシッピング（http://ds.d-064.com/）
- A8ドロップス（http://www.a8drops.jp/）
- もしもドロップシッピング（http://www.moshimo.com/）

　参加に当たって、費用が発生するところもありますし、アフィリエイトとほとんど変わりないサービスを提供している会社もあります。詳しくは、会社のホームページをご覧になってください。

ドロップシッピングの仕組み

　具体的に、ドロップシッピングは、どのような仕組みなのでしょうか？
　DSPによって、仕組みは異なりますが、集客・商品の販売はドロップシッパー（ドロップシップをする人）がして、企業が商品を発送します。

ドロップシッピングとアフィリエイトとの違い

　ドロップシッピングとアフィリエイトは、似ているようで異なる点もあります。ドロップシッピングは「販売」という側面が強く、アフィリエイトは「広告」という側面が強いとイメージすればいいでしょう。

　つまり、ドロップシッピングでは、自分で商品の価格を決定することもできますし（仕入れ値は決まっています）、商品を購入したお客様のメールアドレスも得られるので、リピーターになってもらうためのアプローチをすることもできますが、アフィリエイトではできません。

　一方、アフィリエイトは、広告を掲載するだけなので、お客様とのクレーム問題を解決する必要はありませんし、特定商取引法に基づく表記（住所や電話番号など）を掲載する義務もありません。また、商品の価格決定などの煩雑な作業もありませんし、ドロップシッピングにはない報酬も得られます（資料請求や、クリックだけで報酬が得られること。ドロップシッピングは販売しないと報酬が得られません）。

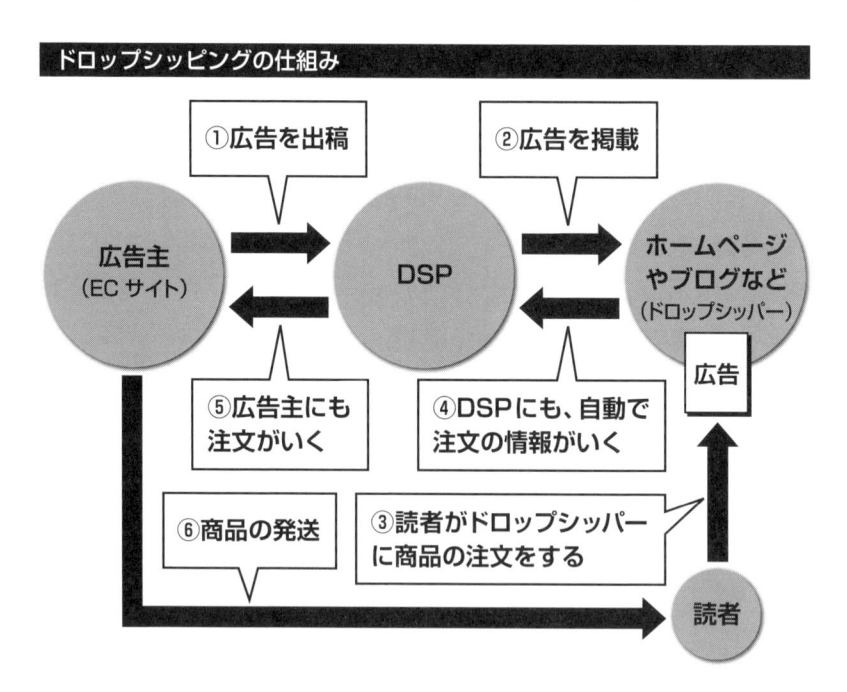

ドロップシッピングの仕組み

①広告を出稿　②広告を掲載

広告主（ECサイト） → DSP → ホームページやブログなど（ドロップシッパー）

⑤広告主にも注文がいく
④DSPにも、自動で注文の情報がいく
⑥商品の発送
③読者がドロップシッパーに商品の注文をする

読者

A1-3

ネットショップ、情報起業とは？

インターネットでは「何でも」販売することができる！

　インターネットで収入を得る方法は、アフィリエイトやドロップシッピングだけではありません。自分で制作したアクセサリーも販売できますし、海外から仕入れた商品を販売することもできますし、自分の持っている「ノウハウ」をファイルに、まとめて販売することもできます。

　具体的には、「ネットショップ」や「情報起業」があります。

ネットショップとは？

　インターネット上に開いた店のことを「ネットショップ」と呼びます。インターネットでは、自分で制作したアクセサリーを販売したり、実際に海外から商品を仕入れて販売したり、様々なネットショップを運営することができます。

　ただ、開店するに当たって、原材料費や仕入れなどでコストがかかりますし、在庫が発生すれば、損失に繋がるために、リスクがあります。

情報起業とは？

　情報起業とは、自分の持っている「ノウハウ」を、PDFファイルなどの「ファイル」にまとめて販売することです。例えば下図のようなものがあります。

　なお、普通は、販売できるだけの「ノウハウ」がないと情報起業を作成することはできませんが、「工夫をすれば」ノウハウがなくても開始することができます。例えばノウハウがある人に執筆してもらって、それを販売したり、何か「便利なツール」を外部委託で制作してもらったりして販売すればいいのです。

　このように、外部委託することで、1人ではできないこともできるよ

うになります。外部委託については209ページを参照してください。

なお、PDFファイルを販売するものに、電子出版がありますが、情報起業と電子出版は区別されていることが多いです。

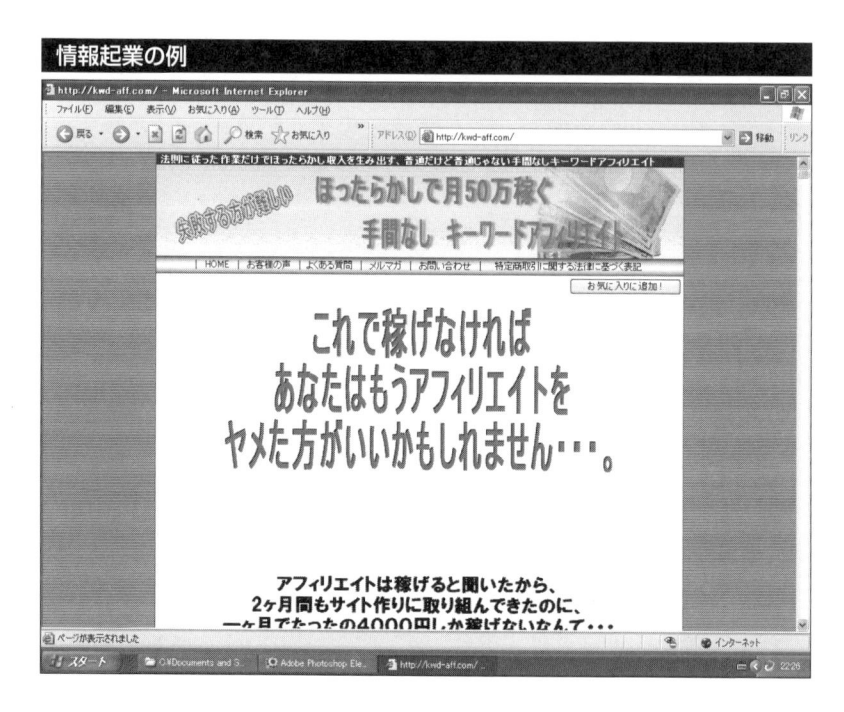

情報起業の例

付章 2

初心者がよくやる間違い

A2-1

作成編

文字の書体を他のサイトと合わせない

　文字の書体を、ポップ体や丸ゴシック体にする人がいますが、あまり推奨できることではありません。Yahoo!やGoogleなど一般的なサイトはすべてゴシック体というフォントを使用しているので、できれば、それと統一してゴシック体を使う方が、訪問者にとって親切です。

　というのも、Yahoo!検索やGoogle検索ではゴシック体なのに、検索結果に出てきたサイトに訪問した途端に、ポップ体や丸ゴシック体が出てくると「読みにくい！　戻ろう」となってしまうためです。

文字の大きさと色使いがおかしい

　スタイリッシュに見せようと、グレーがかった色使いで、小さな文字のサイトを見かけます。確かに、見た目やインスピレーションにはいい印象を与えることができますが、それだけです。しっかりと文章を読んでもらいたいのであれば、黒く大きな字でしっかりと表現すべきです。

リンクに青色以外、リンク以外の文字に青色を使う

　リンクの色が薄い灰色だったり、オレンジ色だったりと、リンクがリンクであることがわかりにくいブログやサイトを見かけます。

　一方、リンクではないところに、青い文字の色を使用したり、青い文字でかつアンダーラインを使用したりしているサイトもあります。リンクがあるのかと思い、マウスをかざして、左クリックしてしまいます。

　リンクの色は、奇抜でなく、凝ったものでもなく、他のサイトと同じもので、誰にでもわかりやすくすることが重要です。

時給106万円！ ネットで儲ける3つの戦略

トップページにしか他のページに行く道がない

　個別ページに、トップページへのリンクしかないサイトを見かけますが、いちいち、トップページに戻らないと他のページも読めないのは不便です。すべてのページに、各ページ（関連したページ）に行けるリンクを用意しましょう。

　作成の手間を考えると、1ページ追加したら全ページのリンクを更新しなければなりませんが、ホームページだと置換ソフトを使えば簡単に追加できますし、訪問者の目線に立ってサイト構成を見直してみましょう。

Webサイトを開くと音楽が流れる

　サイトを開いた途端に音楽が流れ出すサイトがありますが、仕事中など音が出てはいけない環境でインターネットをしている人もいることを忘れてはいけません。音は出ないようにする方が賢明です。

　また、音が出るサイトにリンクを貼る時には「注意：音が出ます」と書いておくと親切です。

デジカメ画像をそのまま掲載する

　デジカメは、きれいに現像するための設定になっているので、かなり解像度が高く、大きなデータ量になっています。その画像をそのままホームページに掲載すると、サイトを表示する速度が遅くなってしまうので、フリーソフトなどで、ホームページに使用する画像はできるだけ軽くしましょう。

メールアドレスをそのまま掲載する

　メールアドレスを、そのまま公開すると、大量のスパムメールが来るようになります。なぜなら、スパムメールを送りつけてくる業者は、プログラムを利用してネット上のメールアドレスを自動で収集しているためです。

スパムメールが多いと訪問者からの質問、相互リンクの誘いなどの重要なメールを見落としかねません。それを回避するためにも、メールフォームを設置すれば、アドレスをネット上に公開することなく自分のメールボックスにメールが届くようになります。

　フォームを1から作るのが難しければ、無料でレンタルできるサイトがネット上にたくさんありますので、それらを活用しましょう。「無料＋メールフォーム」で検索してみると、様々なサービスを探すことができます。

多ジャンルの情報を掲載している

　「旅行記」があるかと思えば、「家庭菜園」のページもあって、「飼育しているペット」の話もあるようなサイトを見かけます。1つのキーワードに対する専門的なサイトを作りましょう。

　というのも「あれもこれも情報がありますよ」というサイトより「このキーワードの情報はどこのサイトにも負けません！」というサイトの方が需要があるためです。

　検索エンジンから見ても「このサイトはいろんな情報が掲載されていて、結局何のサイトなんだ？」より「このサイトは○○というキーワードでいっぱいだ。では○○というキーワードで上位に出そう！」となるのです。

一目で何の情報が掲載されているWebサイトかわからない

　訪問者はサイトを開いて5秒以内に自分にとって「必要なサイト」「必要でないサイト」を見分けていると言われています。

　せっかく良いコンテンツが多数あっても最初の判断で「必要ない」と思われてしまっては元も子もありません。一目見て「このサイトにはこんな情報が載っています！」というのをわかりやすく表現しましょう。

　タイトルも「英語のタイトル」などはスタイリッシュで見た目格好は

いいのですが、何の情報があるサイトなのかを判断できません。

フレームを使用する

　フレームとは、ブラウザの1つのウィンドウを、いくつかに区切って別々の内容を表示させるWebページの表現技法の1つです。メリットしては、ページを新たに加える場合、メニューだけ更新すればいいので、更新が楽になります。

　デメリットは、フレームを使ったページの半分のページのみが検索されてしまった場合、訪問者は他のページに移動できない状況になります。また、フレーム内から他のページにリンクを貼る際、うっかり設定をそのままフレーム内に表示してしまうと、意図的ではなくとも著作権問題に引っかかります（例えばフレーム上部が自分のサイトのメニュー、下部にリンクを貼った企業のサイトが出てしまうと、自分のサイト内で企業の文面、画像を勝手に使用していると取られるケースがあります）。

　これらのデメリットがあまりに大きいため、最近ではフレームを使用するサイトはあまり見なくなりました。フレームはできる限り使わない方が良いでしょう。

階層を深くする

　目的のページにたどり着くまでに何度もクリックしなければならないサイト構成は、訪問者に優しくありません。すべてのページに2クリック位で行けるようなサイト構成を心がけましょう。

　また、階層が深くなると訪問者だけでなく、検索エンジンのクローラーもサイトの隅々まで巡回してくれにくくなります。クローラーが巡回してくれないと、そのサイトは検索エンジンにインデックスされませんので、インターネット上に存在しないこととなります。

　どうしても階層が深くなる場合は、サイトマップを作成して、利用者にも検索エンジンのクローラーにも優しいサイト構成にしましょう。

独自ドメインを取得していない

独自ドメインとは、簡単に言うと、自分専用のアドレスのことです（例：http://www.pugu8.com）。無料レンタルサーバーを利用すれば、とりあえずサイトは公開できるので、必ずしもドメインが必要というわけではありませんが、以下の点でドメインを取得しておいた方がいいでしょう。

● アドレスが変わらない

もしサイトのアドレスを変更した場合、相互リンクしているサイトすべてに変更の連絡をして回らないといけません。しかも、すべてのサイトが対応に応じてくれる可能性は低いので、確実に被リンクが減少します。相互リンクをしているサイトにはお願いして変えてもらっても、自然にいろんなホームページやブログで紹介してくれている被リンクは諦めざるを得ません。

検索エンジンはこういうクチコミ的な被リンクを重視するので、かなりの痛手になります。ドメインを取得しておけばこんな時でもすべての被リンクを無駄にすることはありません。

● ドメインは古い方が良い

検索エンジンはドメインの取得日が古いほど、重要視してくれます。昨日今日できたサイトより、昔から継続しているサイトを上位に出そうとするので、他の運営するサイトへの被リンクの力も大きくなります。

● チラシにサイトアドレスを乗せる場合、アクセスしてもらいやすくなる

アドレスが長いと、わざわざアドレスを入力してサイトにアクセスしてくれる人は少ないものです。よって、チラシなどにアドレスを掲載する時は、独自ドメインを使うといいでしょう。

さらに、チラシなど印刷物がある場合は、アドレスが変われば、すべて

差し替えなければならないことを考えると、独自ドメインがお勧めです。

- **特にネットショップの場合は積極的に取り組んでいるという印象を与える**
  独自ドメインではないネットショップは少々不安になります。

　なお、独自ドメインの取得はメリットばかりではありません。新しいドメインは半年～1年の間は評価が低いというデメリットもあります。つまり、検索エンジンは新しいドメインのサイトは信憑性が薄いと認識し、ある程度時間が経過しないと上位に出しません。独自ドメインの場合はこのケースに当てはまりやすい傾向にあります。

　ホームページ案ができた時点でドメインを取得し、関連するキーワードの文章を5行くらいでいいので記載したら先にアップロードしておくという対処法もありますが、確実ではありません。

A2-2

運営編

Webサイトが完成したと同時に大量の相互リンクを申し込む

　サイトが完成するやいなや、大量の相互リンク集を作って、一斉に相互リンクのお願いメールを出している人がいます。そういうサイトからの相互リンク依頼は見送られることが多々あります。SEOでも、無差別の相互リンクは評価されにくくなっていることもあわせて、厳選して相互リンクを頼むようにしましょう。

　なお、サイト完成後すぐに相互リンクをしたい場合は、依頼先のサイト管理人にメリットを感じてもらえるような依頼をしてみるといいでしょう。具体的には、「トップページからリンクを貼る」「複数のサイトからリンクを貼る」などです。

　他にも価値があるサイト（GoogleのPage Rankが高いサイトなど）を運営していれば、依頼先のサイトのリンクは価値のあるサイトから貼り、依頼先には完成後間もないサイトのリンクを貼ってもらうなどの方法もあります。

相互リンクの依頼のメールの内容が失礼

　相互リンクを申し込んでいるのにリンクを貼っていないメールや（「そちらがリンクを貼ってくれれば、貼るので返信ください」という趣旨のメール）、相互リンクをお願いするわけではなく、一方的にリンクを貼ってもらうことを要望しているメールなど、現実の社会では考えられないようなメールが来ることがあります。このようなメールは、確実に相手にされないので、出すだけ無駄になります。相互リンクの依頼をする時は、まず相手のサイトへのリンクを掲載して、丁寧に依頼するようにしましょう。

　また、相互リンクを依頼するメールには依頼先のサイトを読んだ感想

を書くといいでしょう。「非常に興味深い内容で感動しました！」や「自分も同じような主旨のサイトを運用しているのですが勉強になります」などの感想を書いて、その後は「よろしければ相互リンクさせていただけませんでしょうか」と書けば、相互リンクを申し込まれた方も嫌な気持ちはしないはずです。

1つのWebサイトに執着する

インターネットでは、どれだけいいサイトを作っていても、検索エンジンに嫌われて、ある日いきなりアクセス数ががた落ちになることがあります。そこで、1つのサイトに固執するのではなく、複数のサイトを運営するようにしましょう。複数のサイトを運営することで、リスクが分散できます。

アクセス解析を利用しない

アクセス解析とは、Webサイトに、いつ、どこから、誰が、どのようなキーワードで、どのページに、どのくらいの時間滞在したかがデータとしてわかるツールです。アクセス解析を使って、自分が運用しているWebサイトが、どのようになっているのかを把握することが重要です。

具体的には、毎日どのくらいの訪問者が自分のWebサイトに訪れて、その人が何ページくらい見てくれたのかなどがわかるので、Webサイトでの滞在時間が短いようなら、内容が面白くない、デザインが悪い、キーワードとコンテンツがマッチしていないなどの原因が考えられます。つまり、アクセス解析を見て、訪問者がどのような行動をしているのかを推測することで、改善点を探し出すヒントになります。

ちなみに無料で非常に使い勝手の良いアクセス解析ツールとして私がよく利用しているのが、以下の2つです。どちらも遜色ないほど使い勝手は良いです。

- 忍者tools（http://www.ninja.co.jp/analyze/）
- AccessAnalyzer.com（http://ax.xrea.com/）

なお、このアクセス解析の機能の中でもっとも活用したいのが、訪問者がどのキーワードを検索して自分のWebサイトに訪れたかがわかる「検索語句」の機能です。

トップページしかインデックスされない

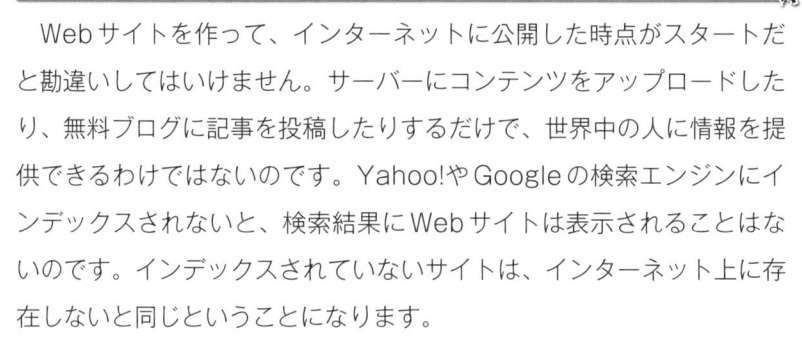

　Webサイトを作って、インターネットに公開した時点がスタートだと勘違いしてはいけません。サーバーにコンテンツをアップロードしたり、無料ブログに記事を投稿したりするだけで、世界中の人に情報を提供できるわけではないのです。Yahoo!やGoogleの検索エンジンにインデックスされないと、検索結果にWebサイトは表示されることはないのです。インデックスされていないサイトは、インターネット上に存在しないと同じということになります。

　そこで、トップページだけでなく、Webページの全ページをインデックスさせるようにしましょう。訪問者の入り口はたくさん用意されている方が、集客はしやすいのは言うまでもありませんが、多くのページがインデックスされていると、検索されるキーワードも多岐に渡ってきます。いわゆる「ロングテールを拾う」と言われる集客スタイルを実現するためにも、作成したWebページはできるだけ多くインデックスされるようにしましょう。

インデックスが削除されて焦る

　一度、インデックスされれば、一生安泰というわけではありません。知らない間にインデックスが削除されているということは珍しくありません。

　削除されるケースとしてはいくつか要因はありますが、検索エンジン

にスパムと判断されていない限り、インデックスが一時的に消えてしまうことがあるので、待つことも重要です。

　また、Webサイトが成長していく過程で、インデックスが削除されることもあります。これは完全に削除されるわけではなく、継続してSEOをする中で、急に消えたり再び現れたりということを繰り返しながら検索エンジンの順位が変動していくような感じです。原因としてはドメインの歴史が浅かったり、SEOをしている最中に起きたりするようです。

　このような過程を踏まえて順位をどんどん上げていくWebサイトが、安定して上位表示される傾向にあるので、インデックス削除されたからといって慌てずに、やるべきことを継続して続けていけば問題ありません。

ライバルサイトをチェックせずにサイトを立ち上げる

　検索エンジンの世界では、自分のWebサイトとライバルWebサイトを比較した優劣により「検索順位」が決められています。つまりライバルWebサイトをチェックしないでキーワード選定をすることは、下手をすると空手の黒帯揃いの集団に戦いを挑みかねないということなのです。黒帯の猛者で腕試しをしたいならばそれでも結構なのですが、できれば厳しい戦いは避けたいところです。そのためには自分のライバルとなるWebサイトはしっかりとチェックしておきましょう。

　では、そのライバルWebサイトの何をチェックすれば良いのでしょうか？　調べることはたくさんあるのですが、外部要因を中心にチェックしていくこととします。

●被リンクの数

　被リンクの数を調べるには、検索エンジンの検索窓に「link:ライバルサイトのアドレス」を入力して検索ボタンを押すといいでしょう。このリンクの数が1つのチェックポイントです。

しかし、この被リンク数も多ければ多いほど強いというほど単純なものではありません。被リンクを貰っているサイトの質にも影響されるのです。

● 被リンクの質

被リンクの質とは、簡単に言うとその被リンク元のWebサイトが、検索エンジンからどのような評価を受けているのかということです。その被リンク元がヤフーカテゴリー登録サイトであったり、ページランクの高いWebサイトであれば、質の良いWebサイトから被リンクを貰っていると検索エンジンから判断され、高い評価を得ることができます。つまり同じ数の被リンクを貰っていても、質の良い被リンクが多いほど強いライバルWebサイトであると言えるのです。

被リンクを貰っているWebサイトの被リンクも調べることで、被リンクの質にも注意してチェックしていきましょう。

投資しない

インターネットで稼いだお金を、自分の交遊費などで使い果たしてしまって、さらに稼ぐために投資しない人が多いようですが、インターネットで稼いだお金は、もっとお金を稼ぐための投資用の資金として使うことをお勧めします。

具体的には、「広告費」「ドメイン購入」「レンタルサーバーの契約」など、さらに稼ぐための先行投資としてお金を使うということです。1万円稼げば、そのお金でPPC広告を打ってみて、集客してみるのもいいですし、新しいドメインを購入してレンタルサーバーを借りて新しいサイトを作るのもいいでしょう。その1万円が新しい売上を生んでくれます。

例え、失敗して、新しい売上を生んでくれなくても、新しい経験を手に入れることができます。失敗して手に入れた経験は、次の成功へのス

時給106万円！ ネットで儲ける3つの戦略

テップとして生かしていけば、最終的には、やはり新しい売上を上げてくることになります。

買いたいものや使いたい用途があるかもしれませんが、もっと大きく稼ぐためには稼いだお金を投資していくという思考を持つ方が、大きく成功する可能性は高くなります。

すぐに成果を求める

インターネットは、他のものに比べると、成果が出やすいですが、今日やったからといって、明日すぐに効果が出るというものではありません。状況にもよりますが、広告費をかけないと、3〜6ヶ月くらいかけて、ようやくポツポツ成果が出はじめて、稼ぎはじめるというイメージです。

というわけで、1週間くらいで「全然、稼げない」と嘆くのはやめましょう。それは「失敗」ではなくまだ「途中」ということなのです。

A2-3

アフィリエイト編

興味のあるものを売るのは間違い

　実店舗があり、その商品をネット販売する場合は、販売する商品は、すでに決まってしまっているので、商品を選んで販売することはできないと思います。しかし、新規事業でネット販売に参入する、またはアフィリエイトする場合は、販売するものをよく考えた方が良いでしょう。

　実際、私も、自分が好きな分野、自分が詳しいと思っている分野でアフィリエイトして失敗してしまったことがあるためです。お酒を飲むことが好きな私は、お酒をアフィリエイトすることにしたのですが、ほとんど売れませんでした。その原因は、3つあると思います。

- 好きだけど、好きなだけで、お酒に関する詳細の知識がない。
- コンテンツの情報量が圧倒的に少なかった。商品名と数行の説明だけであった。
- 報酬がわずか1％であった。

　専門知識も少ないし、ただ、アフィリエイトリンクを貼っていただけでした。お酒の専門家、ソムリエ的な知識があればまた、お酒誕生の背景について、また生産地、こだわりなど色々なことが書けたでしょう。好きなもの、得意なものからサイト作りをしてしまうと、適当なアフィリエイト商材がなく、あまり稼げないサイトになってしまいます。

　また、お酒のような定価がはっきり決まっていて利益率が低い小売のような商品のアフィリエイトは、そうじて報酬が低いようです。それよりも、高報酬のアフィリエイトをした方が良かったと思います。

　自分が興味あること≠稼げるサイトということです。

すぐに販売停止してしまう商品を掲載する

　ASPを使用している業者の中には、実験的、短期間のみアフィリエイトシステムを使用している業者・個人があるようです。また、高額商品のアフィリエイトでは、「限定性」を出して、煽って煽って、一度にたくさん売ってしまって、すぐ、販売停止するような商品も一部ではあるようです。

　もし、そのような商品ばかりをアフィリエイトしていると、販売停止ばかりの商品がサイト上に並んでしまいます。そのような場合、せっかくアクセスしてきて、購入しようと意思があったお客様であっても、商品がないために購入しないで終わってしまう可能性があるので、ほったらかしにせず、サイトやブログに貼ったリンクをすべて修正しなければなりません。

　安定的に販売されている商品では修正する必要はないのですから、無駄な作業が増えてしまいますので、なるべく安定した商品をアフィリエイトする方がいいでしょう。1サイトしか運営していなければ、そのページのリンクの張り替え、情報の更新も手間ではないかもしれませんが、今後、複数の運営を考えた場合は、すぐに販売停止しそうな商品は最初から取り扱わない方がいいかもしれません。

　なお、もし、魅力的な商品で短期間だけの商品であるならば、1サイトだけにアフィリエイトリンクを貼るという方法もあります。

ASPの機能で購入率があるが、購入率だけで、判定してアフィリエイト

　よく売れているランキングの上位のものを紹介すれば、売れるのかというと、そういうわけではありません。というのも、ランキング上位というのは、誰かがすでに自分の販売メディアで売って売って売りまくっている可能性があるので、これからサイトを作って販売していく人には、厳しいこともあるためです。しかも、ランキングは過去のデータですし、過去の一時期の流行で爆発的に販売して、数をこなせたものもあるので、

今からアフィリエイトしても売り上げていくのは厳しい商材もあります。

狙い目は、ちょっとは売れていそうですが、まだ注目されていない商品を見つけることです。本当の購入率は、数値が若干低くても、長く売れる商材を見つけてやればいいのです。

自分が購入者の立場になったつもりで商品説明を見て、欲しくなる商品を選ぶことが重要です。

怪しい商材、不安要素を取り除かない

現実の社会では、販売員の押し売りで、怪しい商品でも強引に販売することもできなくはないですが、インターネットでは、買い物する時は自らの意思で購入できるので、怪しい商品は誰も購入しません。よって、購入する人が不安を抱くサイト、信用がなさそうなサイトや、怪しい商品であれば、アフィリエイトするだけ無駄です。

アフィリエイターである自分が興味もって、欲しくなるような商品。「これなんだろう。面白そうだな」とか、「ダイエットできそうだ！」と思える商品をアフィリエイトするのがいいと思います。

もし、怪しげなサイトでも、本当に良い商品であるならば、なぜいい商品なのか、実際に購入してみた時の体験談を掲載するなど、購入等に際して不安要素を取り除くことを説明することが重要です。

定番季節イベントを取り扱わない

お正月、バレンタインデー、ホワイトデー、ゴールデンウィーク、夏休み、クリスマス。このようなイベント専用にサイトを作っておくといいでしょう。

というのも、イベントの時期は、企業もこぞって宣伝して、お客の購買意欲を高めてくれるので、成約率が高くて、売れやすいですし、これらのイベントは毎年必ずやってくるので、そのシーズンが来る度に、報酬が得られる可能性があるためです（もちろんシーズンが過ぎてしまう

と売上は一気になくなってしまいます）。

　ただ、おいしいところにはライバルサイトもいますので、ライバルサイトのチェックや、どのキーワードを使うのかは、しっかりと検討しておきましょう。具体的には、「イベント名＋○○○」というような複合語で、「○○○」の部分を、いかにして見つけ出すかがポイントとなります。

　例とすれば「クリスマス＋夜景の見えるレストラン」「お正月＋福袋」「夏休み＋沖縄＋家族旅行」のような感じで複合語がありますが、このようなキーワードを探すことが、稼げるか稼げないかの分かれ目になります。

不正をする

　一番多いのが、クリック報酬型の広告の不正です。広告を自分でクリックしたり、まるで広告をサイトの一部のように見せてクリックさせたり、「ここをクリック」などの言葉でクリックを誘導するのは違反になります。

　広告を出す会社は自社の商品やサービスに興味のある人に訪問してもらう、広告を掲載するサイトの管理人はそれに対しての報酬を貰うという「win-win」の関係が成り立ってこそのビジネスです。自分の利益だけを考えるような方針では、いつかこのビジネスの形態は崩れてしまいますし、それ以前にビジネスを成功させることはできないので、不正はやめましょう。

　同様に、人のサイトや書籍から無断で文章、写真、イラストなどを盗用してはいけません。著作権法違反で、立派な犯罪なので、やめましょう。

達人達のアドバイス～あとがきに代えて

インターネットは「アイデア」次第！(石崎秀穂)

「インターネット等で生計を立てています」と言えば、ほとんどの人が「すごいね。パソコンの知識があるんだね。」と言います。

でも、私は、つい最近まで、自分のパソコンのメモリを増設することすらできませんでしたし、今でも、パソコンが詳しい人と、パソコンやプログラムの会話をしても、会話の99％わかりません。もちろん、わかっているようなフリはしますが（笑）。

そのような私でも、なぜ、インターネットで生計を立てられるようになったのかというと、「インフラ」が整ってきているためです。

私が学生の頃は（大昔）、「インターネットに接続すること」だけでも、かなりの知識・技術が必要で、ましてや「ホームページを運営する」ことなんて、「選ばれたごく一握りの人」しかできませんでした。しかし、今では、インターネットで情報発信したくなれば、「文字入力さえできれば誰でも簡単に情報発信できるブログ」がありますし、副収入が欲しくなれば、「ASP」を利用すれば、簡単に収入を得ることができるようになっています。もっと最先端の話を書くと、本書で紹介した「クリックだけでホームページができあがるツール」を使えば、「記事を書くこと」すらしなくてもよくなっているのです。

このようにインフラが整ってきているので、昔に比べると、誰でも簡単にスタートできるようになってきています。だからこそ、パソコン音痴の私でもインターネット等で生計を立てられるようになったのです。

しかし、「誰でも」稼げるのかというと、そういうわけではありません。私は「道具を使いこなせる人」しか稼げないと、もっと言うなら、これからは「いかに、道具を使いこなすのか」が重要になると思っています。

どういうことなのか、釣りで例えると、釣りには「エサ釣り」「ルアー（疑似餌）」があって、エサも「生きエサ」「人口のエサ」など色々な種

類のエサが、ルアーも「プラグ」「ワーム」「スプーン」など色々な種類のルアーがあります。つまり、同じ魚を釣るのにも、色々な道具（手段）があるわけです。大漁に釣ろうと思えば、例えば、「今日は水温が低いし、曇りなので、明るい色のルアーがいいだろう」のように、魚の状態を考えて、それに最適な道具を選択できるようになることが最重要です。

それと同じで、インターネットも、大金を稼ごうと思えば、自分の才能・能力を考えて、「ブログ」「ホームページ」「メルマガ」「アフィリエイト」「情報起業」など、色々ある道具（手段）の中から、最適な道具を選択できるようにならないと稼げないと思うわけです。

色々な道具から自分の才能・能力にあったものを「偶然」に選ぶこともできます。しかし、それでは効率が悪いので、本書を企画させていただきました。本書では、効率良く、自分にあうタイプを見つけてもらえるように、実際に成功している人達を「3タイプ」に分類しました。

はじめのうちは、この3タイプを参考にしていただければと思いますが、成長すれば、この3タイプに、とらわれることなく、「待ち受け型」と「追跡型」を組み合わせたり、「追跡型」に「セールス型」の優れていることを入れたり、自分で、色々な形で工夫してみてください。

また、1つのタイプを徹底的に追及するのもアリだと思います。

というわけで、本書が皆様のインターネット生活の一助になれれば幸いです。

石崎秀穂プロフィール

- **得意なタイプ**：待ち受け型、追跡型
- **運営メルマガ**：インターネット集客術！売上向上術！
  (http://www.mag2.com/m/0000142264.html)
- **著書（2007年12月時点）**
  『初心者でもできる！繁盛ブログになれるSEO入門』（秀和システム）

『人とお金が集まるブログ作りの秘伝書』(シーアンドアール研究所)
『もっと人とお金が集まるブログの秘伝書』(同上)
『ネットで稼ぐ発想術』(同上)
『基本にカエル英語の本〜英文法入門編レベル1』(スリーエーネットワーク)
『基本にカエル英語の本〜英文法入門編レベル2』(同上)
『基本にカエル英語の本〜英文法入門編レベル3』(同上)

PC1台あれば年収1千万が可能な時代(楠山高広)

　一昔前であれば、商売をしようとすると事務所や店舗を構えるために多額の資金を必要としたために、独立や起業など誰にでもできることではありませんでした。しかし、現代はインターネットが発達したことにより、そのハードルは限りなく低くなってきました。その影響から起業ブームに乗って成功した人はたくさんいますし、自宅でPC1台で1億円稼ぎ出す人も出てきました。私は簡単に、楽に稼げるなんて言うつもりはまったくありませんが、今のインターネットの状況は極めて成功しやすい環境が整っていると思っています。

　しかし、起業ブームの成功の影で倒産する会社の方が圧倒的に多いのも事実。私は昔に(と言っても3〜4年ほど前ですが)少しだけ不動産投資の会社に勤めていたことがありますが、その会社の集客方法は企業名簿を見て片っ端から電話営業をするのみでした。当時の私はインターネットなど使ったこともありませんでしたから、電話営業が当たり前なのだと何の疑問も持たずにやっていましたが、今だったら「ふざけるな!」と言いたいところです。営業マン1人に月20万払うとして、それをインターネット広告に使っていけば……。費用対効果は10倍以上あるのではないかと思います。

　決して電話営業を否定しているわけではありません。営業のすべてが

時給106万円！ ネットで儲ける3つの戦略

電話や訪問によるものしかないことを否定しているのです。これからの時代、インターネットマーケティングができない会社はより一層倒産しやすい時代になっていくのですから。

あなたもニュースで見たことがあると思いますが、潰れかけていたお菓子屋さんがネット販売をはじめたことにより1ヶ月待ちの大ヒット商品になったとか、ネットに進出したことにより広告費を半分に抑えながら前月の2倍の売上を作ることができたなど、インターネットがなかったら潰れていた……という企業はいくらでもあります。

私の仕事もインターネットがなかったら成り立っていません。私は会社を2つ経営していますが、いずれも2007年10月時点で、社員は私一人だけです。私でなくてもできる仕事は外注に出し、肝の部分だけ私が作業するという形でやっていますが、毎月毎月、新しい商品やサービスをリリースし、売上を伸ばしていくことができるのです。インターネットでなかったらとてもできることではありません。

ご覧いただいたように、売上1千万超えのサイトはいくつもありますし、紹介しきれなかったサイトもたくさんあります。真面目にインターネットビジネス、インターネットマーケティングに取り組めば、1人で1億円企業を作ることも可能なのが今のインターネット環境なのです。

資本が少なくても十分に勝負できますから、一か八か、何百万、何千万円も資本金を用意して独立する必要もありません。サラリーマンを続けながら、5万円程度で初めることも可能です。

「会社の売上を倍増させたいから」「今よりもっと余裕のある生活をしたいから」動機は何でも構いません。インターネットにはビジネスチャンスがそこら中に転がっています。

0からはじめて年収1千万。倒産寸前から黒字企業に。こんなことは特別なことではありません。このチャンスを掴むために動き出せば、誰にでも手に入る現実です。

達人達のアドバイス～あとがきに代えて

楠山高広プロフィール

- **得意なタイプ**：セールス型
- **運営メルマガ**：まだ勤めます?ネットで自由と月収100万セミリタ講座（http://www.mag2.com/m/0000184826.html）
- **運営サイト**：

    キーワードアフィリエイト（http://kwd-aff.com/）

    コンテンツマスター（http://www.keyword-contents.com/）

    オートコレクター（http://auto-collector.net/）

    SEOトレンドサーチ（http://seo-trend.com/）

トライアンドエラーでWebサイト作り（安藤香織）

　自分が「こういうサイトを作りたい」と思って、作ったとします（とはいってもそれが難しいのですが）。しかし、しばらくして、そのサイトを見直すと、意外と情報が足りなかったり、わかりにくい箇所があったり、冷静に見ると自分が思っていなかったようなサイトではなかったりということがあります。

　そうです。一度作って終わりではないのです。

　文章を書く時って、どのようにしますか？　一度作成して、しばらく寝かせて、推敲するようなことをしませんか？　推敲時には、わかりにくい表現や言い回しの修正、また、適切でない言葉を直したりすることがあると思います。

　Webサイトも同じです。大規模なWebサイトであるならば、各部署に複数の担当者がいて、ディスカッションして、サイトを作り上げていくかもしれません。

　個人で作成しているサイトでならば、自分で企画、作成して、チェックとすべてを自分で行います。友人や家族に見てもらって、「このサイ

トどう？」「わかりやすい？」とヒアリングすることもとても重要です。自分で、気付かないわかりにくいところなど指摘してもらえます。

　また、自分のサイトがまあまあいいだろう（90％のでき！）と思っていても、同ジャンルのサイトを見ていると、とても素敵なサイトや、良いアイデアを盛り込んだサイトなど、いっぱい見つかってきます。その途端、自分のサイトが貧素でダメダメなサイトに見えてきてしまうのです。そうしたら、また自分のサイトをバージョンアップさせるために、フィードバックをかけてやります。

　最初から完璧を目指さず、少しずつ改良していくことが後々に大きな財産になっていくと思ってサイトを作成しています。

安藤香織プロフィール

- 得意なタイプ：追跡型
- 運営メルマガ：第5世代のメルマガアフェリ術
  (http://www.mag2.com/m/0000227681.html)
- 運営サイト：アフィリエイトノウハウ案内所
  (http://gymwm.com/)　(http://afi-site.seesaa.net/)　など

サラリーマンが副業で稼ぐ思考と戦略術とは？（太井彦治）

　サラリーマンが副業で稼ぐには「サラリーマン思考」を捨てなければなりません。

　ここで言うサラリーマン思考とは『何かに依存する思考』であり、自分がしなくても誰かがやってくれるという考えです。何かに依存する思考でいる限り、あなたは稼ぐことができないと思ってください。

　では依存体質から脱却するにはどうしたら良いのでしょうか？

　それは、あなた自身が経営者としての視点を持つことだと私は考えま

す。あなたが副業で頑張っているサラリーマンアフィリエイターだったとすれば、本業ではあなたは社長ではありませんが、副業のアフィリエイトではあなたが社長なのです。あなたの思う方向にしか進みませんし、あなたが何もしなければ何も起きることはありません。

逆に言えば、あなたの思う方向に進めるし、あなたが何かをすれば必ず何らかの結果が起こるのです。会社員では自分の思う方向に進めないこともたくさんありますし、あなたが何かをしてもその成果が見えにくいことがあります。こんな状態で長年サラリーマンを続けているから「依存体質」になってしまうのかもしれません。

副業では社長となるあなたは、自分の目で見て耳で聞こえる情報に対して、「自分ならどうするのか!?」を常に考え、「どの選択肢へ進むか」を試行錯誤していくことで、「稼ぐ視点」が身に付くでしょう。

サラリーマンは副業に費やす時間がなかなか作れないかと思います。これも結局のところは、自分がしなければ何も進まないのですから、いかにして時間を調整して作った時間の中で効率良く作業を進めていくしかありません。

少ない時間の中で、何をどのように効率良く行っていくかは、本著にて厳選したノウハウを紹介しています。あなたが効率良く作業を進めていくことのお役に立てれば幸いです。

太井彦治プロフィール

- **得意なタイプ**：追跡型
- **運営メルマガ**：

    親育〜親を育てる子育て価値観
    (http://www.mag2.com/m/0000243389.html)

    稼ぐ！効率UPの思考と戦略術！
    (http://www.mag2.com/m/0000203844.html)

- 運営サイト：
  親育〜親を育てる子育て価値観（http://oyaiku.com）
  サラリーマンが働きながら副業で収入を得る在宅ワーク
  （http://zaitakuwork.bizhiko.com）

パワーサイト＆追跡型、2つの属性のWebサイトを運営しよう（藤本政己）

　パワーサイトとはインターネット上で「権威」あるサイトのことを指します。権威あるサイトとは、どんなサイトなのでしょうか？

　「権威」を辞書で調べると「ある分野において、知識や技術が抜きん出て優れていると一般に認められていること」とあります。この「抜きん出て」が非常に重要なキーワードなのです。

　他と同じような内容のサイトでは、まず、抜きん出られません。もしSEOや検索エンジンのアルゴリズムの変化によって上位表示したとしても、それは一時的なもので終わってしまう可能性が高いのです。

　そうならないために重要なのは他のサイトから支持を得ること。つまりインターネットの世界ではリンクされることです。

　簡単に「リンクされるサイトにすること」と言いましたが、どういったサイトがリンクされるのでしょうか？

　その答えは、ネット上にない、または少ない情報を提供することです。今までネットで検索しても、情報がなく困った経験はありませんか？そういった経験があればそれを自分で作ってしまえばいいのです。勝手にどんどんリンクが増えていくサイトになれば、自然と権威あるサイトになっていきます。

　ところで、なぜパワーサイトが必要なのでしょうか？

　これは、どうしても追跡型のサイトは営業色が出てしまい、被リンク数が少なくなってしまうからです。そこで、自分の所有するパワーサイトから追跡型のサイトにリンクを出してあげるのです。

検索エンジンは、権威あるサイトで紹介されているサイト（リンクを貼っているサイト）は高評価して、検索結果の上位に出してくれます。「権威あるサイトで紹介されているから良いページだろう」という考え方ですね。

　パワーサイトだけでは収入は思うように伸びません。追跡型とバランスよくサイトを作成することが重要です。当然パワーサイト、追跡型のサイト双方の数が多ければ多いほど、複数の追跡型のサイトを狙ったキーワードで上位に出せるので、収入は多くなります。

　なお、権威あるサイトにする一番の近道は、Yahoo!カテゴリ、All Aboutに登録されることです。

　Yahoo!カテゴリ、All Aboutに登録においては、人の目で審査されるのですが、これが非常に厳しい審査なのです。その辺にある情報と同じようなサイトではまず審査に通りません。その厳しい審査を通ったサイトだけがYahoo!カテゴリ、All Aboutそれぞれのページからリンクされるので、検索エンジンはそこからリンクされていることを非常に評価し、検索結果の上位にそのサイトを表示します。

　さらに、検索エンジンから高評価を受けているサイトですから、相互リンクのお願いのメールを出す場合にも「Yahoo!のカテゴリに登録されています」と一言添えるだけで、非常に高確率で相互リンクを受けてもらえますし、逆に相互リンクをお願いされるケースの方が多くなっていきます。これが権威あるサイトへの一番の近道です。

　しかし何度も言うようですが、どこにでもあるような情報では簡単には登録されないのは頭に入れておいてください。

　カレーサイトがYahoo!に登録された時の話ですが、以前自分自身がスパイスだけで作るカレーレシピをネット上で探したことがありました。しかし、おいしいと評判の店の情報、市販のルーを使ってのレシピ情報はたくさんありましたが、スパイスから調合するレシピやカレーの雑学が満載のサイトはありませんでした。

それで、「ここだ！」と思い、すぐにスパイスとカレーの本を２冊ずつ購入し、ネットショッピングで多くのスパイスを取り寄せました。本を参考にして市販のルーを使用せずスパイスのみで作ってみると案外おいしくできたので、これをサイトにし（もちろん本のままのレシピではありませんよ）Yahoo!に申請したところ見事に登録されました。

重要なのは申請の際、審査をする人に、他のサイトにないオリジナリティーをしっかりと説明することです。サイトの説明、アピールをする欄があるのですが、ここに「現状スパイスから作るカレーレシピサイトがないので作成しました」などとしっかり書いて目を引くことが重要です。

藤本政己プロフィール

- **得意なタイプ**：待ち受け型、追跡型
- **運営サイト**：

  週末は男のこだわりカレー（http://kodawaricurry.com/）

  マウスコンピューターファン　パソコン購入体験談- G-Tune（http://mouse-pc.com/）

  ＠ウォーターサーバー比較―実際に３社をレンタルして比較しました！（http://waterserver.sakura.ne.jp/）

  宮島想ひ出写真館 〜宮島大好きママのデジカメ旅行記〜（http://www.miyajima0.com/）

  医療事務資格取得への道―体験談とＱ＆Ａ（http://fnayami.com/）

アフィリエイト、ドロップシッピング、情報起業 etc.
時給106万円！
ネットで儲ける3つの戦略

| 発行日 | 2008年5月2日　　　　　第1版第1刷 |

著　者　石崎　秀穂／楠山　高広／太井　彦治
　　　　藤本　政己／安藤　香織

発行者　斉藤　和邦
発行所　株式会社　秀和システム
　　　　〒107-0062　東京都港区南青山1-26-1 寿光ビル5F
　　　　Tel 03-3470-4947（販売）
　　　　Fax 03-3405-7538
印刷所　株式会社平河工業社　　　Printed in Japan

ISBN978-4-7980-1946-8 C3055

定価はカバーに表示してあります。
乱丁本・落丁本はお取りかえいたします。
本書に関するご質問については、ご質問の内容と住所、氏名、電話番号を明記のうえ、当社編集部宛FAXまたは書面にてお送りください。お電話によるご質問は受け付けておりませんのであらかじめご了承ください。